博雅

**21世纪大学俄语系列教材**

该项目为全国优秀博士论文作者专项资助（项目号：201208）的研究成果

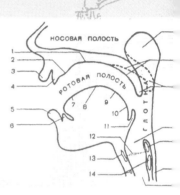

Фонетика современного
русского литературного языка

# 俄语语音学教程

王宗琥　邢淑　编著

北京大学出版社
PEKING UNIVERSITY PRESS

图书在版编目（CIP）数据

俄语语音学教程 / 王宗琥，邢淑编著. —北京：北京大学出版社，2017.5
（21世纪大学俄语系列教材）
ISBN 978-7-301-28280-9

Ⅰ.①俄… Ⅱ.①王… ②邢… Ⅲ.①俄语 – 语音 – 高等学校 – 教材
Ⅳ.①H351

中国版本图书馆CIP数据核字（2017）第096486号

| | |
|---|---|
| 书　　　名 | 俄语语音学教程<br>EYU YUYINXUE JIAOCHENG |
| 著作责任者 | 王宗琥　邢淑　编著 |
| 责任编辑 | 李哲 |
| 标准书号 | ISBN 978-7-301-28280-9 |
| 出版发行 | 北京大学出版社 |
| 地　　　址 | 北京市海淀区成府路205号　100871 |
| 网　　　址 | http://www.pup.cn　　新浪微博：@北京大学出版社 |
| 电子信箱 | pup_russian@163.com |
| 电　　　话 | 邮购部62752015　发行部62750672　编辑部62759634 |
| 印　刷　者 | 北京溢漾印刷有限公司 |
| 经　销　者 | 新华书店 |
| | 650毫米×980毫米　16开本　11.25印张　150千字<br>2017年5月第1版　2017年5月第1次印刷 |
| 定　　　价 | 35.00元 |

未经许可，不得以任何方式复制或抄袭本书之部分或全部内容。
版权所有，侵权必究
举报电话：010-62752024　电子信箱：fd@pup.pku.edu.cn
图书如有印装质量问题，请与出版部联系，电话：010-62756370

# 前言

　　语音学是语言研究的一门基础学科，对语言的发展起着至关重要的推动作用。一些著名语言学家如索绪尔和博杜恩·德·库尔德内等人都是从语音学研究入手，进而揭示出整个语言系统的本质和秘密。近几十年来，随着信息科学和计算机技术的日新月异，语音学的研究获得了长足的发展，呈现出多领域、多学科交叉的态势，其理论意义和应用价值也日益凸显。

　　俄罗斯在语音学方面的研究具有深厚的基础和优良的传统。我们只消提一提喀山语言学派的创始人博杜恩·德·库尔德内、布拉格学派的代表人物特鲁别茨科伊和雅各布森、著名的莫斯科音位学派和列宁格勒音位学派，就不难想象俄罗斯在世界语音学研究中的地位和贡献。

　　我们国内对俄语语音学的介绍和研究虽然取得了一定的成果，但跟进的速度相对较慢，尤其是近十多年来，对俄语语音研究的新进展关注不够，系统研究语音学的专著和教材付之阙如。这是我们编写该书的动因之一。

　　另一个动因来自现实教学。我们在教学实践中常常发现，由于缺乏系统的语音学知识，学生在听说能力的提高上会遇到很大的障碍。因不了解俄语的词重音规律、元音弱化规律、语音交替规律、音变规则、正读规则、语流特点等而造成的错误比比皆是，极大地妨碍了学生养成正确的发音习惯，直接影响他们听力水平的提高。

基于上述两个原因，我们在本书的编写过程中兼顾了理论与实践，既有宏观的语音学理论，如浅显的重音、语调理论，深奥的音位理论，又有非常实用的语音交替规则、正读法规则以及表音法和正写法规则。所以本书的读者定位是本科生、研究生、高校教师和相关科研人员。

在本书的编写过程中，我们参阅了不少新出的原版文献，吸取了俄语语音学研究方面的一些最新成果，同时用大量的例词例句来解释佐证各种语音学现象和观点，力争做到深入浅出。另外，本书的编写还参考了国内出版的相关教材和专著，这里谨对中俄学者们的成果表示敬意和感谢。同时还要感谢北京外国语大学王福祥教授给我们这样一个参与浩大工程的机会，让我们在俄语语音学方面又有了不少提高和进步。但由于学术水平和研究能力有限，书中难免存在谬误和疏漏之处，还请方家批评指正。

特别感谢北京大学出版社张冰老师的努力，让这部非常冷门因此也尘封多年的手稿得以面世。感谢责编李哲老师高效而细致的编辑工作。感谢首都师范大学外国语学院对本书出版的资金支持。

具体的编写分工是：王宗琥负责第一、二、五、六、七章，邢淑负责第三、四、八、九章。

编者
2015年10月

# 目 录

## 第一章　语音学概述

第一节　语音学的研究对象……………………… 2
第二节　发音器官语音学………………………… 2
第三节　声学语音学……………………………… 5
第四节　感知语音学……………………………… 10
第五节　音标……………………………………… 12
第六节　语段和超语段单位……………………… 14

## 第二章　俄语的语音

第一节　元音和辅音……………………………… 18
第二节　元音的声学分类………………………… 19
第三节　辅音的声学分类………………………… 24
第四节　音节……………………………………… 35

## 第三章　重音

| | | |
|---|---|---|
| 第一节 | 重音的语音本质 | 44 |
| 第二节 | 词中重音的位置 | 45 |
| 第三节 | 附着词 | 53 |
| 第四节 | 弱重音 | 54 |
| 第五节 | 次重音 | 55 |
| 第六节 | 句重音、语段重音以及重读 | 56 |

## 第四章　语调

| | | |
|---|---|---|
| 第一节 | 语调的音调手段 | 62 |
| 第二节 | 语调的功能 | 67 |

## 第五章　音位学

| | | |
|---|---|---|
| 第一节 | 言语中的音与语言中的音 | 70 |
| 第二节 | 音位 | 71 |
| 第三节 | 随位交替 | 75 |
| 第四节 | 音位的中和 | 78 |
| 第五节 | 位置 | 79 |
| 第六节 | 音位的区别性特征和音的整体性特征 | 82 |
| 第七节 | 对立 | 84 |

第八节　超音位……………………………………………… 85
第九节　语音单位的组合法和聚合法……………………… 87
第十节　音位的功能负荷…………………………………… 90
第十一节　音位系统………………………………………… 91
第十二节　音位学流派……………………………………… 92

## 第六章　语音交替

第一节　元音的语音交替………………………………… 102
第二节　辅音的语音交替………………………………… 107

## 第七章　俄语音位体系

第一节　元音音位的组成………………………………… 112
第二节　辅音音位的组成………………………………… 113
第三节　元音音位子系统………………………………… 114
第四节　辅音音位子系统………………………………… 116

## 第八章　正读法

第一节　正读法概述……………………………………… 124
第二节　口语体的读音特点……………………………… 125
第三节　元音的正读规则………………………………… 130
第四节　辅音的正读规则………………………………… 132

第五节　某些语法形态的正读规则……………………… 138
第六节　外来词的正读规则……………………………… 139
第七节　重音的正读规则………………………………… 141
第八节　俄语标准发音的发展历史……………………… 146

## 第九章　表音法和正写法

第一节　俄语字母表……………………………………… 150
第二节　表音法的音位原则和随位原则………………… 150
第三节　音位 /j/ 的书写表示法 ………………………… 151
第四节　辅音音位的软 / 硬书写表示法 ………………… 152
第五节　字母的意义……………………………………… 153
第六节　俄语正写法的概念……………………………… 154
第七节　俄语单词正写法的原则………………………… 155
第八节　分写、连写和半连写…………………………… 159
第九节　大写字母的用法和移行………………………… 162

**附录　俄语语音术语对照表** ……………………………… 167
**参考文献** ………………………………………………………… 174

# 第一章　语音学概述

## 第一节　语音学的研究对象

语音学（源自希腊语 *phone*—音，*phonetikos*—音的）是研究语言中语音层面的学科，它研究的内容包括语音及语音交替的规律、重音、语调、语流的音节切分特点以及更大语音单位的切分。语音学还可以用来指称语言的语音层面本身。

语音学在语言学的各分支学科中占有特殊的地位。词汇学和语法学研究语言的意义层面，研究蕴含于词素、词和句子当中的意义。而语音学研究的是语言的物质层面，关注的是没有独立意义的发声材料。比如，连接词 a 具有对别或转折意义，而语音 [a] 则没有这样的意义。

语音学根据研究对象的不同又可分为描写语音学、历史语音学、比较语音学和普通语音学。描写语音学主要研究共时状态下的语音体系，历史语音学则研究语音体系在不同时期的流变，比较语音学侧重研究不同语言之间语音体系的异同，通过对比分析认清各自的语音特点。普通语音学的研究对象是所有语言的语音特性，它研究人的发音器官的构造、发音时器官的运用，甚至从声学和人接收声音的角度来研究语音。普通语音学还研究语音在语流中的变化规律、语音的分类以及语音与音位之间的关系，确立语流切分的一般原则。此外，普通语音学还描述研究语音单位的方法。

## 第二节　发音器官语音学

### 1. 发音器官及其发音机制

发音器官是指产生语言所必须的人的器官总和。

语音的形成是发音器官运动的结果。发某个音时发音器官的运动和位置称为该音的发音器官动作。语音的发音器官动作有赖于发音器官各部分的协调合作。

发音器官的下部由呼吸器官组成：肺、支气管和气管。呼吸器官里形成起振颤作用的气流，并将这些振颤传向外部。

发音器官的中部是喉头。它由软骨组成，软骨之间紧绷着两片肌肉薄膜——声带。平时呼吸时声带放松并分离，空气自由地穿过喉头。发清辅音的时候声带就处于这种状态。如果声带靠近并绷紧，那么气流在通过声带间的缝隙时就会发生振颤，元音和浊辅音就是这么形成的。

发音器官的上部是位于喉头之上的一些器官。与喉头直接相连的是咽喉，其上半部称为鼻咽部。咽喉腔连着口腔和鼻腔，通过上腭将其分开。上腭前半部分有骨头，被称为硬腭，后半部分是肌肉，被称为软腭。

软腭和小舌一起形成一个腭屏，当腭屏抬起时，空气流经口腔，于是形成口腔音；当腭屏放下时，空气流经鼻腔，于是形成鼻腔音。

鼻腔的大小和形状一般不会发生改变，而口腔的大小和形状会随着唇部、下颌及舌头的运动而改变。咽喉的大小和形状会因舌身的前后运动而改变。

下唇比较灵活，它既能与上唇相接（在发 [п], [б], [м] 等音时），也能与上唇贴近（在发英语的 [w] 音时），还能与上齿贴近（在发 [в], [ф] 等音时）。双唇能够圆撮并向前伸成筒状。

最灵活的发音器官是舌头。它分为舌尖、舌前部、舌中部、舌后部以及舌根。

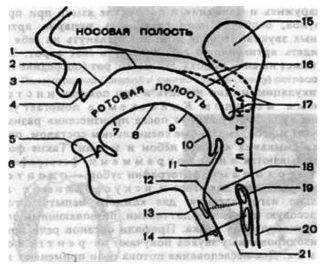

1 — 硬腭，2 — 牙槽，3 — 上唇，4 — 上齿，5 — 下唇，6 — 下齿，7 — 舌前部，8 — 舌中部，9 — 舌后部，10 — 舌根，11 — 会厌，12 — 声门裂，13 — 甲状软骨，14 — 环状软骨，15 — 鼻咽部，16 — 软腭，17 — 小舌，18 — 喉头，19 — 勺状软骨，20 — 食管，21 — 气管。

图 1　发音器官

在发音的时候有的器官起着积极的作用，有的器官则起着消极的作用。起积极作用的器官掌控着发音所必需的基本动作，而起消极作用的器官在发音的时候则处于接合部或缝隙的位置。所以从这个意义上来说，舌头永远是积极的，而牙齿、硬腭总是消极的。双唇和腭屏在发音的时候可能是积极的，也可能是消极的，比如在发 [п] 音时下唇是积极的，而上唇是消极的，在发 [y] 音时双唇是积极的，而发 [a] 音时双唇都是消极的。

## 2. 发音研究的方法

发音研究的方法一般是自我观察，通过分析自己肌肉的感觉来确定发音的要领。我们很容易确定发不同音时嘴唇是怎样工作的：什么时候它们前伸成筒状，什么时候下唇与上唇相接，或者与上齿相贴。在发音的时候还可以感知舌部的运动及状态，尤其是在成对地比较不同音的发音方法时。镜子可以帮助你从边上进行自我观察：看清唇部的发音动作，看到口腔的变化。燃着的蜡烛可以检测呼气的力度，以及呼气的来源（口还是鼻）。

另一种方法是借助器具来研究发音。录像有助于确定唇部的运动，拍照能够确定发不同音时舌部与上腭和牙齿相接的面积。有关舌部的照片称为舌音图示，有关上腭的照片称为腭音图示，有关牙齿的照片称为牙齿图示。有时会用人造上腭——一种为每个实验者特制的塑料薄片，薄片上带有传感器，能够测出舌部接触的位置。发单音时发音器官的剖面图可以通过 X 光片来取得。研究语流时常常采用电影 X 射线摄影，观察咽喉和喉头的状态时可以借助喉镜和内窥镜等等。

图2　辅音 . [н] 的腭音图示（上半部）和舌音图示（下半部）

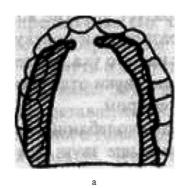

　　　　а　　　　　　　　　　б

图3　图 a 为辅音 [c] 在词 сам 中的腭音图示，图 б 为辅音 [c] 在词 осá 中的舌音图示。图 a 的画线部分和图 б 的黑色部分是舌头接触上腭和两侧牙齿的区域。舌音图示的上半部是舌头在镜子里的反映。

## 第三节　声学语音学

### 1. 语音的声学属性

　　声音是诸如空气、水等介质的波形振动，这是一种引起听觉感受的物质。这种波形振动一般是由某物体的振动引起的，如铃铛、琴弦、声带等。振动的物体不断地形成振荡波，这些波传至我们的耳朵，作用于鼓膜，于是我们就听到了声音。声音与声音间的区别主要表现在音高、音强、音长和音色四个方面。

　　音的音高是由振动的频率决定的：单位时间内振动的频率越高，音高便越高，反之亦然。记录声音频率的单位是赫兹。人的耳朵能够接受的音高范围在 16—20000 赫兹之间。低于 16 赫兹或高于 20000 赫兹的声音我们就听不见了，但有些动物，如海豚、蝙蝠、狗、狐狸等却能够听见。

每个人都有自己的平均音高。根据这个音高区分出男高音、男中音、男低音和女高音、女中音、女低音。说话过程中音高的变化形成了音调的基础。在某些语言中，音节内声调的高低和变化还是区分不同词的重要手段。

音的音强是由振动的振幅决定的：振幅越大，音强越强。音的响度和音强有关，轻碰一下吉他弦，发出的音就较弱，如果使劲拉弦然后再松开，此时音的响度就大幅增加，这是琴弦振幅增大的缘故。记录音强的单位是分贝。听力的界线是 0 分贝，低语大约是 10 到 20 分贝，一般谈话为 40 到 60 分贝，大城市街道的噪声在 80 分贝以上，近处的雷声大约在 120 分贝，能让耳朵产生痛感的音强界线为 130 分贝，航天飞机在 45 米的距离上的噪音为 180 分贝。

我们在谈话的时候音的音强是很不一样的，这主要和谈话的场景有关。对身边的人讲话时的音强肯定和对远处的人讲话的音强不一样。音强有时还能反映说话人的情绪。一般来说，非重读的元音在音强上弱于重读的元音。

音的音长是指声音持续的时间。记录音长的单位是毫秒。在某些语言中（英语、德语、法语、捷克语等）还区分出长重读元音和短重读元音。在俄语中重读元音一般较非重读元音要读得长一些。比如，单词 сад 中重读的元音 [a] 在正常语速中的音长为 150 毫秒，而当其处于非重读位置（比如在单词 сады́ 中），其音长只有 100 毫秒，在单词 садово́д 中，其音长仅 50 毫秒。

音的音色是指声音的特殊音质，这是音波的特殊性所决定的，但也与响度和音调有一定的关系。

音色在广义上说，包括两个方面的内容：①指不同发音体发出不同色彩的音。例如，胡琴和小提琴，小号和笛子演奏同一首曲子时，尽管它们发出的音符相同，可是我们照样能听得出不同乐器发出的不同音色的音。②音色的另一个含义是指同一种发音体，因声腔（共鸣腔）的形状和体积的改变而产生不同色彩的音。例如，同一个人发音，他可以通过自己口腔（共鸣腔）形状和体积的变化而发出不同音色的音。如把嘴张得大大的，舌头平放，可以发出"a"音来；把嘴张得很小，舌面前部向上抬起，可以发出"и"的音来。[a] 和 [и] 口腔形状不同，它们所产生的音的音色便不同。通俗些说，音色便是一个音区别于另外其他音的特殊声音色彩。

2. 声学研究的方法

话语的声学特质可以用工具法来进行研究。我们可以借助录音设备将话语录音并再现出来，然后借助软件在电脑屏幕上描绘出声音信号的声学特点图像。波形图所反映的是声波在时间上传播的特点，通过它我们可以看到组成声音的频率及其强度，而且很容易辨认出不同元音之间的区别，以及不同类型辅音间的区别。根据波形图可以测出声音的时值。

声谱图表示声音的频谱，反映的是声音的所有频率和振幅。这种图示也可以反映声音某一点的瞬间频谱。动态声谱图，也称为语图，反映的是声音频谱在时间上的变化，即反映的是语流——单个的音或一系列连续的音。

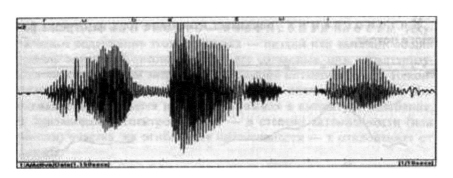

图 4　单词"рубашка"的波形图。

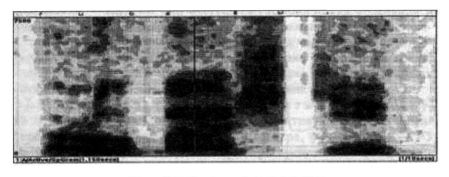

图 5　单词"рубашка"的动态声谱图

语调图可以表示语流在某个节点上声调的变化。

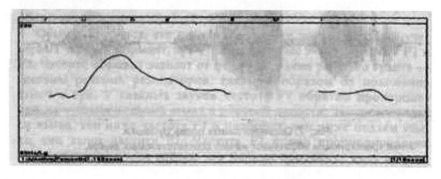

图 6　单词"рубашка"的语调图

强度包络线可以表示声音的强度以及语流片断上从一个声音到另一个声音的转折。

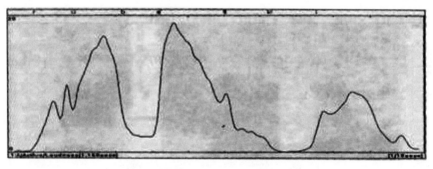

图 7　单词"рубашка"的强度包络线

## 3. 声音的声学分类

由雅各布森、方特和哈勒创立的声音的声学分类法是一种包罗世界各种语言的分类体系，其中涵盖了各种不同的声学数据以及 12 种对立特征。就俄语而言，存在以下特征：

1. 元音性——非元音性。这一特征的声学内涵是指是否存在明显的共振峰[1]结构。俄语中所有的元音以及 [р], [р'], [л], [л'] 的振幅里都有明显的共振峰结构。其余的音都是非元音性的，它们的振幅里占主要地

---

[1] 共振峰是元音中的主要频率成分。

位的是噪音。

2. 辅音性——非辅音性。该特征的声学内涵指的是发音能量水平的高低。辅音性是指发音时能量水平低，强度不大，这是所有辅音的发音特点。非辅音性指的是发音时能量水平高，力度较大，所有的元音即是如此。发音的强度在波形图、动态声谱图以及强度包络线上都可以反映出来。

3. 中断性——连续性。中断性一般和辅音相关，有些辅音在成音时会出现口腔发声器官短暂相连的情况（比如上唇和下唇），这样就有可能完全没有声音振动（如 [п], [т], [к], [ц],[ч] 等音），或者是振幅很小，如 [б], [д], [г], [р] 等音。除此以外，剩下的音都是连续的。

4. 浊音性——清音性。该特征的声学内涵是指是否存在低频谐振。浊音的频谱反映基本音调的频率——低频谐振。它在声谱图上表现为低频区有一条暗色带，即所谓的声音屏障。这条带在清辅音的声谱图上则没有。

5. 低声调——高声调。低音的基本能量集中在声谱的低频部分，高音的基本能量集中在声谱的高频区。发低音时口腔体积较大（较少被分割），发高音时则相反。如低元音 [у], [о] 和高元音 [и], [э]，低辅音都是些口腔边缘音，诸如唇辅音和后舌音之类，高辅音则是口腔中心音，如齿音和前颚音。

6. 降半音——非降半音。对半音的音来说，其所有的共振峰都低于非半音的音，半音的产生主要源于口腔共鸣器的前端开口缩小，从而造成双唇的边沿靠近并前伸为管状。

7. 升半音——非升半音。对于升半音的音来说，上行的共振峰升高，与没有升半音的音相比强度加大，噪音区的下边界频率值升高。升半音—非升半音的对立对辅音来说有实际意义：升半音的音是软辅音，非升半音的音是硬辅音。

8. 鼻腔音——口腔音。对某些辅音来说，这一区别特征有实际意义：[м] — [б], [м'] — [б'], [н] — [д], [н'] — [д'], 鼻音的频谱特点是共振峰值可以增加到 200—2500 赫兹的范围。

音的声学分类反映出音的许多特点，但与音的发音器官分类相比，音的声学分类还需要更深入的研究和更广泛的运用。

## 第四节　感知语音学

对发声的语言可以从两个方面进行研究：一个是从说话人的角度，另一个是从听话人的角度。从说话人角度研究的有发音器官语音学，而从听话人角度研究的有声学语音学和感知语音学。声学语音学主要研究声音的物理属性，通过现代仪器来记录一些声音的物理参数；而感知语音学则是从接受者的角度研究发声的语言，通过听者对语言的接收来确定发出的声音和被听到的声音之间的关系。

### 1. 影响语言接收的因素

人的听觉能力是非常有限的，我们能听到并辨别的远非所有的音。上文我们已经提到，人能够感知到的音的频率范围在 16 到 20000 赫兹之间，在此范围之外更低的音（亚声低音波）和更高的音（超声波）我们都听不到。一般人的耳朵能够分辨音差不低于半音的两个音，但有音乐天赋的人可以分辨音差更小的音。频率是语音声学方面的特点，而音高是语音感知方面的特点。

音的力度和强度是音的物理属性，音的响度是人感知方面的属性。音的响度和音强及音高都有关系。在同一强度下不同音高的音对于接收者来说响度是不一样的：当音高小于 5000 赫兹时，随着音高的增加响度逐渐减小；而当音高从 5000 赫兹到 9000 赫兹时，随着音高的增加响度也逐渐增加。

人能够听见并感知声音不仅取决于声音的性质，还取决于其他的一些因素。比如听话者的语言经验就是很重要的一个因素。母语的语音很容易接收，而外语或其他方言的语音则要难懂得多。所以有时候我们听不懂一个词不是因为没学过，而是因为不熟悉该词的发音。

交际的环境也是影响语言辨别的一个因素。交际过程可能会存在一些妨碍理解的其他声音，比如街上汽车的噪声、音乐、打电话时的干扰音、几个人七嘴八舌、谈话者距离很远等等。由于诸如此类的干扰可能会出现听错词的情况，比如：в горах 听成 в Гаграх，вынула 听成 вымыла， голубок 听成 глубок，граница 听成 бранится 等。

对错听现象的分析有助于揭示语音体系的某些规律。比如，可以分出一些不容易和其他音混淆的"关键"音，以及一些容易混淆的音。要辨别一个言语片断，重要的是先弄清其节奏模式，即不同元音的发音力度是如何分布的。比如非重读音节的元音，除重读音节前的那个元音外，都读得非常短，所以这些元音在听不清楚的情况下很容易被相互混淆，或者完全不被听到。重读音节前一个音节的元音在发音力度和时长上可能与重读元音相同，所以在听不清楚的情况下它常常被视为重读元音。

和语言的接收有关的还有语境，它可以引起听者对某个词的预期。即便这个词发得不甚清楚，漏掉几个音或者有一些相似的音，它仍然能被听者接收并听懂。在一个辨词实验中，声音合成器发出了一个词 хорошо，尽管这个词中的 р 没有被合成出来，但这个词仍然被正确地辨认了出来。在口语中这种例子比比皆是，很多词的音都被大块大块地省略了，但并没有妨碍人们的正确理解，例如：в[а]ще – вообще, п[ии]сят – пятьдесят, ты[ш':]а – тысяча, здра[с']те – здравствуйте 等。

## 2. 感知模板

在人的记忆中以某种模板的形式存在着数量有限的语音。这些模板具有区域性质，也就是说，与每一种模板相对应的不止一个具体的音，而是许多相近但不同的音。如果测量一下不同的人发同一个单词时每一个音的声学参数，我们可以发现，这些音在力度、时长、音频和声谱方面都不相同。只不过这些区别并不影响听者把它们听成相同的音而已。许多实验证明，存在这样一些漫射的区域，在其间不同的音被听者听成同一个音。当然重音和语调也具有区域性质。

每种语言都有自己的语音模板，语音的漫射区域在不同的语言中可能并不相同，这取决于每种语言语音体系的特点。对俄语来说，辅音的软硬是一种本质性特征，软辅音和硬辅音各有自己的漫射区域，所以听者能够辨别出它们的不同。但在英、德、法语中软／硬就不是辅音的本质性特征,操这些语言的人会把硬辅音和非硬辅音归入同一个漫射区域，即认为它们是同一个音。

### 3. 感知研究的方法

感知语音学的主要任务是：确定在没有干扰情况下发出的音与接收到的音之间的关系。所以有关音的接收的实验一般都在特殊的隔音设施中进行。为了避免语义的影响，向接受实验的人提供的通常是他们不认识的词或者是一些人造词。

提供给受试者辨认的语音片断一般都是词或句子，它们由专门的播音员录制并通过录音机播放给听者，或者通过人工合成的方式产生词和句子。这些词或句子在播放给受试者时可能是完整的，也可能是一个片断——几个音节或音。然后让听者在听后作出判断：这是什么音、什么音节或单词？重音在哪里？句子中的声调走向是怎样的？也可能出现另外一种形式的问题，比如让受试者听几组成对的音的片断，然后让他们判断，这两个音是否一样？哪两个音更相互接近些？哪两个音要远一些？由此我们可以得出感知研究的一些基本任务：辨音，区分并比较相近的音。

在准备测试音组时研究者可以将其中的片断移植到另一个语音情境当中，比如，把录音带上的两个词 мёд 和 мот 抠去元音，然后交换位置后给受试者听。还有一种判定声音性质的方法，那就是将音倒着听——从尾听到头。

在实验中，某些声音参数经过特殊的电脑程序处理后可能会被赋予新的意义。比如，通过研究发现，存在这样一个阈值，当音低于这个阈值时就被听者视为短音，而高于该阈值时就会被听者判定为长音；同样存在一个音调的阈值，当高于该阈值时陈述句就会被听者判定为疑问句。

需要指出的是，对音的测试可能带有某种或然的性质。在实践中发现，当有几个受试者参与同一个测试时，他们给出的结果并不总是吻合。

## 第五节　音标

研究语音时需要尽可能准确地将发声的语言用文字表达出来，于是音标便应运而生。其基本原则有以下三点：1）每一个字母都应该表示一个音，不能有不表示音的字母；2）每一个字母都应该只表示一个音，而不是几个音的组合；3）每一个字母永远只表示同一个音。

音标可以由不同的字母体系来构成。比如国际音标的构成就是以拉丁字母的小写印刷体为基础，部分地夹用一些合体字母、大写字母、变形字母或在字母上添加某种符号等。俄语语音学中一般使用两种主要的标记方式：俄语字母表和拉丁字母表。本书以俄语字母表为主要标记方式。

字母表的有些字母不能用做音标，比如 е, ё, ю, я，因为它们不符合上述原则中的第二点和第三点。字母 щ 在 20 世纪中叶之前在标准语中有两个发音：[ш'ч'] 和 [ш'ш']，尽管现在第一种发音已经过时，但它还是不符合上述原则中的第二点，所以这个字母也不用作音标。软音字母和硬音字母由于不同的语言学家有不同的表义阐释，本书也不拟采用。

由于语言中的音比字母表中的音多，所以俄语音标中也采用一些其他字母表中的字母，比如拉丁字母 j：[jóлка], [дajý]，希腊字母 γ，该字母一般表示响辅音，在以下单词中 х 的位置发音——дву[γ]годи́чный, свер[γ]звуково́й；此外还采用国际音标中的符号 [ʌ] 和 [ə]，前者表示一个接近于 [o] 的非唇元音，一般位于重读音节前一音节：[вʌда́], [трʌва́]；后者表示一个介于 [ы] 和 [a] 之间的元音，一般位于重读音节前第二个音节或重读音节后的音节中，如：п[ə]руби́ть, вы́п[ə]л 等。

俄语音标中广泛采用的是各种变音符号（行上或行下）和带上下标的字母。它们的意义如下：

[c'] —— 软辅音；

[c˙] —— 半软辅音；

[c°] —— 唇辅音；

[c:] —— 长辅音；

[д͡з] —— 融合音，连音；

[т̣] —— 非爆破辅音；

[т̠] —— 位于齿音位置的前腭辅音；

[тʰ] —— 送气辅音；

[л̩] —— 成音节辅音；

[и̯] —— 非成音节辅音；

[ã] —— 鼻元音；

['a] —— 发音开始时舌位朝前并朝上的元音；

[a'] —— 发音结束时舌位朝前并朝上的元音；

[ä] —— 发音过程中舌位朝前并朝上的元音；

[a̱] —— 发音靠后的元音，以符号 [˙] 和 [.] 来表示元音的发音位置靠前还是靠后。

[и<sup>э</sup>] —— 介于 [и] 和 [э] 之间，但更接近 [и] 的音，称为开元音 [и] 或倾向于 [э] 的 [и]；

[э<sup>и</sup>] —— 介于 [и] 和 [э] 之间，但更接近 [э] 的音，称为闭元音 [э] 或倾向于 [и] 的 [э]。

## 第六节　语段和超语段单位

语音一般都存在于语流当中，语流是一个接着一个、按时间顺序发出来的若干语音，像线条一样联结起来的音流。语流可以借助于语调、重音等切分成不同层次的语音单位：语音句、语段、语音词、音节和音。较高层次的单位包含了较低层次的单位，较低层次的单位组合成较高层次的单位。就各个语音单位与意义的联系而言，音节以上的单位一般来说与意义有比较直接的联系，它们本身也是一种意义单位。而音节、音这些较低层次的单位与意义的联系比较间接，它们本身一般都不包含意义。

语音句（фраза）是比较大的语音单位，通常相当于一个简单句或复合句。语音句拥有完结语调，包含相对完整的思想，音标中可以用专门的符号 || 来表示。但需要指出的是，语音句和语法句（предложение）是有区别的，语音句是语音单位，语法句是语法单位，它们属于语言的不同层级。一个语法句中可能包含两个语音句，如：*Дверь в сад была открыта, || на почерневшем от мокроты полу террасы высыхали лужи ночного дождя.||* 当然，一个复合句也有可能只是一个语音句：*Он хотел было что-то сказать ему, но толстяк уже исчез* (Н. Гоголь); *Она не сводит глаз с дороги, что идет через рощу* (И. Гончаров).

语音句可以切分为若干语段。语段（синтагма）是由语段重音组织起来的较低层次的语音单位。语段与语段之间通常有较短的停顿和间隔，音标中可以用符号 | 来表示，但语段内部没有停顿。语段都通过一定类型的语调表示出来，不位于语音句末尾的语段一般不拥有完结语调。语段通常包含句子的一个成分或几个成分的组合，也可能相当于一个句子。

将语音句切分为语段时，不同的切分方法表示不同的意义。比如： *Надо учиться, | работать | и отдыхать. — Надо учиться работать | и отдыхать; Как испугали ее | слова брата. — Как испугали ее слова | брата.*

语段可以切分为若干语音词。语音词（фонетическое слово）是由一个词重音组织起来的更低一级的语音单位。语音词相当于一个词或虚词和实词连接起来的词的组合。例如在语音句 *В ту́ же ночь | широ́кая ло́дка | отчалила от гостиницы… (И. Тургенев)* 有三个语段，每个语音段有两个语音词。其中 в ту́ же，от гости́ницы 都只是一个语音词。

语音词可以切分成若干音节。音节（слог）是由发音器官一次合张动作组织起来的更低一级的语音单位。俄语音节本身一般与意义没有直接联系。属于同一音节的音一般都包含在一个词的界限内，但也可以同另一个词的音构成一个音节，如：жёг позор 中的 /кпʌ/。

音节往下可以切分为音。音（звук речи）是有声语言最基础的、不能继续切分的单位。

以上我们讲的每一种单位（语音句、语段、语音词、音节、音）可以称之为音段单位（сегментная единица）。重音、语调不能切分，它们不能独立存在，而是依附在音段单位之上的，因此语言学称它们为超音段单位（суперсегментная единица）。

语音的各种单位处于复杂的、但有规律可循的关系之中。最小的单位可以按一定的规则组成较大的语音单位，如音→音节→语音词→语段→语音句。语言学称之为组合关系。同一层次的单位又各自组合成一定的系统。其中的各个单位都在这个系统中占有一定的位置，并以一定的特征与其他单位构成某种对立，又以其他特征与这些单位联结在同一系统内。这是一种聚合关系。例如：вас, мул, ток 三词中的 в, а, с; м, у, л; т, о, к 都处于组合关系，由层次最低的音组合成层次较高的音节和语音词。同时，其中的每一个音又都是某个聚合系统中的成素。比如，a 同 у, о, ы, э 共属元音的聚合系统，而和 в, с, м, л, т, к 以及 ф, з, н, р, д, г, ш, ж 等等的聚合系统构成对立。前者为元音，能独立构成音节，后者则为辅音，不能独立构成音节。其后的 в 又与辅音系统里的 м, н, л, р, j 构成对立，前者为非响音，在清辅音前以及停顿的词尾前是要清化的。в 还与非响音系统中的 с, т, л, п, ф 等等对立，前者为浊音，后者为清音。清音在浊音前要浊化，而 в 在浊音前不发生浊化。в 还与浊音系统中的 б, д, г, ж, з 构成对立。清音在 в 前不浊化，而其他浊音之前的清音要浊化。所有的音都如此，一方面，在语流中与其他音组合成一定的语音单位，另一方面，在语流之外与其他相应的音聚合成各种各样的系统，成为该系统中的某个成素。这种又联结又区分的聚合关系，使俄语的所有音构成有规律的严格系统。俄语语音学的主要任务就是要研究俄语中的各种音段单位、超音段单位的各种表现形式、它们的功能以及它们之间各种类型的组合关系和聚合关系。

　　广义的语音学也包括正读法（орфоэпия）、表音法（графика）和正写法（орфография）。为了方便起见，本书对这些语音学知识一并作一介绍。

# 第二章 俄语的语音

## 第一节　元音和辅音

所有语音都可以分为元音和辅音。其区别主要在发音动作和声学效果方面。

1. 发元音时气流自由通过口腔，不遇到任何阻碍。发辅音时气流要克服口腔的阻碍。元音和辅音在发音动作上的基本区别也决定了它们其他方面的差异。

2. 元音是纯粹的乐音，它们是气流通过喉头时声带震动而产生的。周期性的震动形成了音调和乐音。元音的波形图是一条主要音调在震动周期内部不断重复的波。

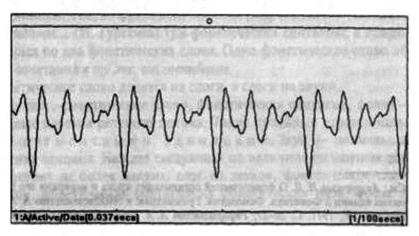

图 8　元音 [o]（37 毫秒）在词 кот 中的波形图（四个重复的震动周期）。

辅音的特点是有噪音存在。噪音是非周期性的音，它产生于气流对各种阻碍的克服。辅音的波形图反映的是非周期性，声音震动时没有规律性的重复。清辅音都是噪音，浊辅音有噪音的成分，也有乐音的成分。

3. 对元音来说，发音时气流较弱，而发辅音时则需要较强的气流来冲破阻塞。当把手掌放到嘴边慢慢发 оса 这个词时，能很容易辨别出发元音 [a] 和发辅音 [c] 时气流上的强弱。

4. 在发元音时口腔内肌肉的紧张程度是比较均匀的，而发辅音时肌肉在形成阻塞的部位比较紧张。发一下 [и] 和 [j] 就能明显地感受到这一点。

5. 俄国学者博戈罗季茨基（В. А. Богородицкий）把元音称为张嘴音，把辅音称为闭嘴音。要想把元音发得越响亮，嘴就要张得越大，要想把辅音发得越响亮，发音器官就应该贴得越近。分别小声和大声地发一下 [a] 和 [c]，就很容易感受到发音器官运动的差别：要想大声发 [a]，嘴巴就必须张大，要想大声发 [c]，舌头就应当紧贴下齿。

6. 另一位俄国学者、著名语音学家潘诺夫（М. В. Панов）提出了另外一个区分元音和辅音的方法：元音可以喊出来，单纯辅音是不可能喊出来的。

## 第二节　元音的声学分类

元音是纯乐音，由于声带震动而形成。嗓音在喉头上腔获得了特殊的音色。嘴和喉头是造成元音之间差异的谐振腔。这些差异主要取决于谐振腔的大小和形状，它们会随着嘴唇、舌头和下颌的运动而变化。每一个元音在发音时都具有独特的、专属于该音的发音位置。

元音的分类依据三个指标：（1）双唇的状态，（2）舌位的高低，（3）舌位的前后。

根据双唇的状态，俄语元音分为圆唇元音和非圆唇元音。发圆唇元音时双唇靠近，圆撮并前伸，缩小出气口，增加共振腔的长度。圆唇元音有两个 [o] 和 [y]。它们圆唇的程度是不一样的，前者较后者要小。

根据舌位的高低，俄语的元音可分为高元音（[и], [ы], [у]）、中元音（[э], [o]）和低元音（[a]）。在发高元音时舌头处于最高的位置，下颌与上颌微微分开，嘴形成一个窄口。因此，语音学中也常把高元音叫做窄元音。发低元音时下颌一般降到最低的位置，嘴形成一个宽阔的开口。所以低元音常被称为宽元音。

根据舌位的前后，俄语的元音可以分为前元音（[и], [э]）、央元音（[ы], [a]）和后元音（[y], [o]）。在发前元音和后元音时舌头相应地集中在口腔的前部和后部。不过舌头的形状是有区别的：发前元音时舌前部向靠近上腭前部的地方抬起，发后元音时舌后部向靠近上腭后部的地方抬起。

发央元音[ы]时舌头集中在口腔中部，舌中部抬向上腭中部，发央元音[a]时舌头则比较平直。

俄语元音的简表

| 双唇状态<br>舌位前后<br>舌位高低 | 非圆唇音 | | 圆唇音 |
| --- | --- | --- | --- |
| | 前元音 | 央元音 | 后元音 |
| 高元音 | и | ы | у |
| 中元音 | э | | о |
| 低元音 | | a | |

元音三角图

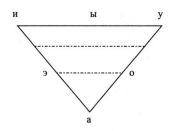

下面是元音发音空间的梯形图。

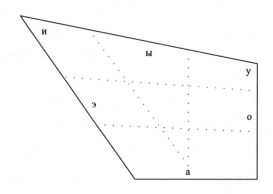

元音梯形图反映了口腔构造和舌头运动的特点：舌头在口腔内的下部和后部移动范围小，在口腔的上部和前部移动范围大。

将元音按舌位的高低前后划分并不能涵盖元音的所有变化。例如，有一个音，发音时嘴比 [и] 开得稍大，舌位比 [и] 稍低。这个音被称为"开 [и]"，标记为 [иэ]，意指倾向于 [э] 的 [и] 音。还有一个音叫"闭 [э] 音"，它比 [э] 音口型稍闭，舌位稍高。在精确的音标法中被标记为 [эи]。因此，开元音和闭元音体现了发音中的细微差异，主要表现在口型开合以及舌位抬高的程度。

如果把有细微差异的音视为不同的音，那么可以列出一个更加精确详尽的元音表。潘诺夫提出了一个具有五个前后音和五个高低音的图表（当然，这也没有穷尽所有的俄语元音）。

| 高低＼前后 | 前部 | 前中部 | 中部 | 中后部 | 后部 |
|---|---|---|---|---|---|
| 高 | и | ÿ | ы | | у |
| 高中部 | иэ ӧ, эи | | ыэ | | |
| 中部 | э | э̣ | ə | | о |
| 中低部 | | ä | аᵊ | ʌ | |
| 低 | | | а | | |

元音 [ə]（在另一种音标中被标记为 [ъ]）是标准语中最常见的音之一。它一般出现在一些非重读音节里，比如在以下单词中：п[ə]роход，в[ə]допа́д，го́р[ə]д，о́бл[ə]ко，вы́п[ə]х[ə]ть。它极少出现在重读音节中，例如在表示遗憾惋惜时发出的 да 一词中：[də?]（[?] 表示声带骤合，声门撞击）。[ə] 处于从 [ы] 到 [а] 这个连续发音链的中间位置。

和 [а], [э], [о], [у] 相比，[ä], [ӟ], [ö], [ÿ] 在发音位置上更靠前上部。

它们一般位于两个软辅音之间：пять [п'ät'], петь [п'ӭ'т'], тётя [т'öт']я, тюль [т'ÿл']。

当前元音 [и], [э] 位于两个软辅音之间时在音标中一般标记为 [и̇], [э̇]，或 [й], [э̫], 或 [и̭], [э̭]。

当元音 [э] 位于软辅音后、重音前一个音节时一般标记为 [э<sup>и</sup>]：в[э<sup>и</sup>]сна́, б[э<sup>и</sup>]га́, р[э<sup>и</sup>]ды́ 等，这是 э 化发音法的特点，属于传统的发音标准，现代标准语中一般采用 и 化发音法，如：в[и<sup>э</sup>]сна́, б[и<sup>э</sup>]га́, р[и<sup>э</sup>]ды́。

元音 [э] 的发音位置位于硬辅音之后的重读音节，比如：ант[э̫]нна, м[э̫]р, ш[э̫]ст。

元音 [и<sup>э</sup>], [ы<sup>э</sup>], [а<sup>0</sup>] 只出现在非重读音节中，如 [и<sup>э</sup>]скри́ть, д[ы<sup>э</sup>]ши́, в[а<sup>0</sup>]да́ 等。传统的 о 化发音法会把 [а<sup>0</sup>] 读成非圆唇元音 [ʌ]：一个介于 [а] 和 [о] 之间的音。

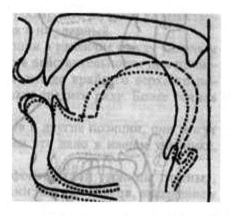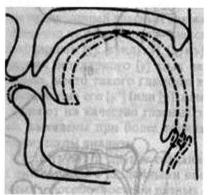

图 9　元音发音示意图

—— [и]　　　　　　　　—— [э]
------ [ы]　　　　　　　------ [о]
— · — [у]　　　　　　　…… [а]

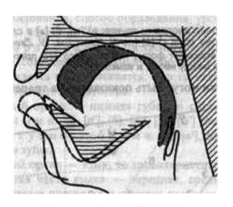

图 10　语音的 X 射线示意图
—— [o]
------ [ö]

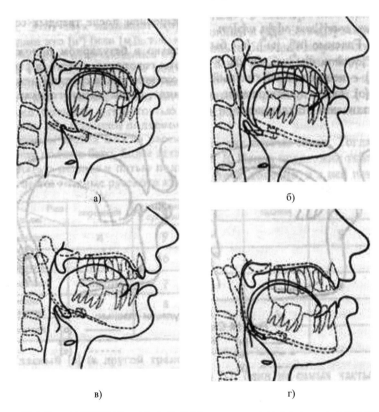

图 11　语音的 X 射线示意图：а) [ы], б) 单词 посидеть 中的 [э],в) косá 中的 [aº], г) [a].
X 射线图展现了舌头的形状及其在口腔中抬升的位置，并展现了上腭与舌头之间的间隔。

上述元音也可以用如下梯形图来表示：

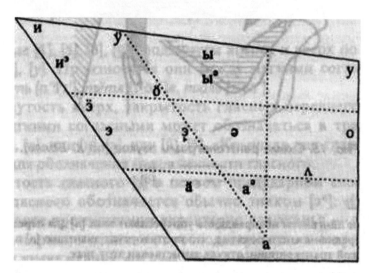

当然，这些图表也没有穷尽所有的元音。如果进行更细致的考察还可以区分出语音的一些更细微的随位变体。比如在 дам 和 дал 这两个词中，元音一般标记为同一个 [a]，但实际上这两个元音的发音是有区别的。在 дам 中的 [a] 是央元音，在 дал 中的 [a] 是中后元音。因为 [л] 这个音把前面的元音的舌位向后拉了。再如，在 домá 和 далá 两个词中非重读音节的那个元音标记为同一个 [aᵒ]，但在更精确的音标标记中它们是不一样的：前者为 [даᵒмá]，后者为 [дʌлá]。在这里同样是 [л] 这个音对非重读音节的发音位置产生了影响。

通常在音标标记中元音 [y] 在重读和非重读音节上都标注为同一个音。但实际上发非重读音节上的 [y] 时舌头并不抵达最高位，处于高中元音的位置。准确的标记应该为 [yᵒ]。

对元音发音产生影响的还有其他的一些因素，它们可以通过更为细致的语音分析得出。需要指出的是，不同的语音学家对元音的特点及相互关系有不同的理解，所以他们描绘的元音图表也是各不相同的。

## 第三节　辅音的声学分类

俄语辅音通常按照以下五大区别性特征分类：1）发音位置（место

образования）, 2) 发音方法 (способ образования), 3）噪音水平（响/噪）（уровень шума，＜сонорность / шумность＞），4）清/浊（глухость/звонкость），5）硬/软（твердость / мягкость）。

  辅音的发音位置取决于完成发音动作的积极器官以及与积极器官接合或贴近的消极器官。简言之，发音位置就是口腔中气流遇阻的地方。

  如果积极器官是下唇，那么就会产生双唇辅音（губно-губные согласные）—[п], [п'], [б], [б'], [м], [м']（此时消极器官为上唇）和唇齿辅音（губно-зубные согласные）—[в], [в'], [ф], [ф']（此时消极器官为上齿）。

  如果积极器官是舌头，那么辅音的特点取决于两个因素：1）参与形成阻碍的舌头的部位（舌前部，舌中部，舌后部）；2）与舌头接合或贴近的消极器官（牙齿，上腭的前部、中部或后部）。

  前舌音可以是齿音（舌前部朝向牙齿）— [т], [т'], [д], [д'], [с], [с'], [з], [з'], [н], [н'], [л], [л'], [ц]，也可以是前腭音（舌前部朝向上腭前部）— [р], [р'], [ш], [ш'], [ж], [ж'], [ч']。

  前腭辅音也叫齿龈辅音，因为发这些辅音时舌背前部最靠近的地方是齿龈。中舌辅音同时也是中腭辅音 [j], [ĵ]。后舌辅音要么是后腭音— [к], [г], [х], [γ], [н]，要么是中腭音—[к'], [г'], [х'], [γ'], [н']。[н̄] 和 [н̄'] 这两个音是后舌鼻音，在俄语中很少见。只有当 [н], [н'] 在单词中位于 [к], [г] 之前，并且 [к], [г] 之后还是辅音时，这两个音才发为 [н̄] 和 [н̄']。比如 пу[н̄]ктир，фра[н-]кский，ко[н̄]гресс，де[н̄'] гнева。

  辅音发音的方法是指使气流在口腔中形成阻碍和克服阻碍的方法。成阻有三种方法：发音器官贴近时形成缝隙阻碍，发音器官之间完全贴合形成阻碍，以及积极器官在语流中颤抖而形成阻碍。根据这三种方法所有的辅音可分为三类：擦音、塞音和颤音。

  擦音是指气流通过发音器官形成的缝隙时摩擦器官边缘而产生的音。擦音中的 [л] 和 [л'] 在成音时气流是从舌边通过的，通常又叫做边音（боковой согласный）。其他音在成音时气流是从贴近的发音器官中间通过的，所以称为中继音（серединный согласный）：[в], [в'], [ф], [ф'], [с], [с'], [з], [з'], [ш], [ш'], [ж], [ж'],[j], [х], [х'], [γ], [γ']。

对擦音来说，缝隙的形状和长短也是区别性特征。辅音 [с], [с'], [з], [з'] 被称为圆擦音，因为发这些音时舌前部靠近上齿背及齿龈，形成一个纵向槽状的狭长圆缝。其他的中继音都是些平擦音，在发音的时候缝隙是平而且宽的。

擦音 [ш], [ж] 有两种发音方式。一种是双焦擦音（двуфокусный щелевой）发法：舌尖连同舌前部上抬与齿龈后沿构成缝隙，形成第一个焦点；舌中部下陷，舌后部向软腭抬高，形成第二个焦点。另一种发音则是单焦发音发法，即不形成第二个焦点，在这种情况下 [ш], [ж] 是单焦擦音。这两个辅音的特点是发音时形成的缝隙较长，因此它们又被称为长擦音。

根据克服阻塞的性质塞音可分为鼻塞音、爆破音、塞擦音和非爆破音。

鼻塞音的特点是口腔完全闭合，腭帘放下，气流自由通过鼻腔：[м], [м'], [н], [н'], [н̄],[н̄']。除鼻塞音外还有一些辅音是口腔塞音，发音时腭帘抬起，紧贴喉咙后壁，这样气流只能从口腔呼出。

在发爆破音时首先要让气流完全阻塞，提高口腔内压，然后猛然开启发音器官，气流冲出而产生爆破的音响。

爆破音可以划分为两种类型：一种是口腔爆破音，气流从口腔出来。这样的音有：[п], [п'], [б], [б'], [т], [т'], [д], [д'], [к],[к'], [г],[г']。一种是喉咙爆破音，气流在腭帘与鼻咽后壁骤然分离之后经鼻腔出来，而双唇或舌与上齿继续保持闭合状态。这样的音有：[п<sup>м</sup>], [п'<sup>м'</sup>], [б<sup>м</sup>], [б'<sup>м'</sup>], [т<sup>н</sup>], [т'<sup>н'</sup>], [д<sup>н</sup>], [д'<sup>н'</sup>]。我们可以看到，发喉咙爆破音的一个条件是其后必须有发音位置相同的另一个鼻音，如：нэ́[п<sup>м</sup>]ман, су[п<sup>м</sup>] моло́чный, сы[п'<sup>м'</sup>] медле́нней, о[б<sup>м</sup>]ма́н, о[б'<sup>м'</sup>]ме́н, обра́[т<sup>н</sup>]но, о[т<sup>н</sup>] нас, о[т'<sup>н'</sup>]нёс, пя́[т'<sup>н'</sup>]ница, мо́[д<sup>н</sup>]ный, по[д'<sup>н'</sup>]ня́ть。当把手掌靠近嘴来发两组音：нэп 和 нэпман, пять 和 пятница, 能够感觉到，当发 [п] 和 [т'] 时气流经过口腔，当发 [п<sup>м</sup>] 和 [т'<sup>н'</sup>] 时则不经过。所以喉咙爆破音又称为喉辅音。

发塞擦音和发爆破音一样，是从发音器官的完全闭合开始的。但在发声后期闭合的器官并不骤然打开，而只开一个出气的小缝。例如这两个音：[ц] 和 [ч]，它们有时被标记为另一种形式：[ц] 被标记为 [t͡s]， [ч'] 被标记为[т̂ш']。这种记音方法表明了音的多样性。但 [т̂с] 并不等于 [т+с]（正如[т̂ш']也不等同于 [т'+ш']），[т̂с] 是一个融合音，而 [т+с] 则是两个音。下面几个音组的发音是不一样的：о целевой 和 от солевой, о цепной 和 отсыпной, о цыпке 和 отсыпке'，这些音组的前一个词中是 [ц] (= [т̂с]) 音，后一个词中则有两个音与之对应。塞擦音 [т̂с] 在发音的前期和后期只是有点像 [т] 和 [с]，却并不完全与它们一致。

塞擦音可分为中塞擦音和侧塞擦音。中塞擦音发音时出气孔在嘴的中间，比如 [ц], [ч']。发侧塞擦音时出气孔在舌的两侧，比如[т̂л], [т̂'л'], [д̂л], [д̂'л']。从这里我们可以看到，当 [т], [т'], [д], [д'] 后面紧跟着 [л], [л'] 时它们发侧塞擦音。例如，ý [т̂л] лый, пя [т̂л] лет, ló [д̂л] льш, pó [т̂'л'] линный。

非爆破辅音只有一个成阻期，它们不像爆破音和塞擦音有两个成阻期。非爆破音类似于英语中的不完全爆破音，当一个爆破音位于相同发音位置的爆破音和塞擦音之前，或一个塞擦音位于同类塞擦音之前时，它们都要发成非爆破音。例如：о[т̣т]да, ó[т̣'т']епель, по[д̣-д]óмом, по[д̣'д']лка, зна[к̣ к]озерóга, утю[г̣ г]орячий, о[т̣ц]a', пла[т̣ ц]éлый (плат 和 плац), пе[т̣' ч']áсто (петь 和 печь)。

非爆破辅音一般认为是对爆破音和塞擦音成阻时间的延长，但实际上非爆破辅音是一些独立的语音单位，具有音位的某些特征。发浊的非爆破音时，声带震动，口腔成阻，气流呼不出去。比如，当我们发 [б̣] 时双唇紧闭，发 [д̣] 时舌尖紧抵上齿，发 [г̣] 时舌头紧贴上腭后部，只要最后气流不出来，就是非爆破音 [б̣], [д̣], [г̣]。而在清的非爆破音位置上只有口形，而没有发声。非爆破清辅音的波形图上显示的是一条没有任何波动的直线。但是尽管没有发声，非爆破清辅音对其前面的元音口形会产生影响。比如，当发 [ап̣] 时，元音 [а] 发完后双唇是闭合的，而发 [ат̣] 时，发完 [а] 后舌头和上齿突然形成阻塞，发 [ак̣] 时，发完 [а] 后舌后部和上腭后部突然形成阻塞，所以您听到的是几个不同的音，这一点在光谱图上也得到了证明。这样，根据元音发完时的口形我们就可以知道后面的那个辅音是什么，尽管它没有发出来，只起一个成阻的作用。

爆破音、塞擦音和非爆破音的发音示意图可以简示如下：

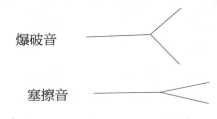

爆破音

塞擦音

非爆破音

颤音（[p], [p']）是在气流呼出时振颤舌尖而形成的，通常伴随着舌头与上齿龈和后齿龈不断开合。颤音的发音特点是舌头与消极器官的点状接触以及成阻时间短暂。与塞音相比，颤音的阻塞较轻，时间更短。

当发 [p], [p'] 时舌尖有时候并不与上腭相接触，这种情况在发 [p'] 时更为常见。此时 [p], [p'] 可以被视为擦音。这种发音方式最典型的位置在重音之后元音之间，如 бе́рег, ва́рит，或者是在词尾，如 гарь, дверь, корь 等。

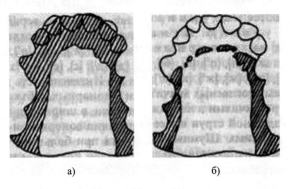

图 12　a) фата 一词中 [т] 音的腭位图；б) пора 一词中 [p] 的腭位图画线部分是舌头与牙齿和上腭相接的部位。

在大多数位置上 [p], [p'] 只有一次重读，即舌头只接触上腭一次，当它们与辅音相连时，特别是当它们在两个辅音之间，而后一个辅音是下一个词的词首时，[p], [p'] 要重读两次。比如：трава́, фо́рма, пря́мо, го́рько; зубр вы́шел, дека́брь моро́зный.。当需要加强发音力度时，在任

何位置上都可以对 [p], [p'] 进行三次以上的重读。

前舌辅音可以根据舌尖的状态和舌背前部的形状来划分。当舌尖紧张并朝向上齿时，形成的是舌尖辅音，比如 [л]；当舌背前部凸起向上，舌尖处于消极位置时，形成的是舌背辅音，除了 [л] 以外的所有的齿音和除了 [p'] 以外的所有前腭软辅音都是舌背辅音。发齿音 [т], [т'], [д], [д'], [н], [н'], [л'], [с], [с'], [з], [з'] 时，与上齿接触或靠近的是舌背前部，此时舌尖不紧张，而且在大多数情况下（[т], [д], [н] 除外）是垂向下齿的。在发 [ш'], [ж'], [ч'] 时舌头的形状同前，不同的是它回到了牙龈区以及与之相连的上腭牙龈后的部位。发 [p], [p'], [ш], [ж] 时的特点是舌尖抬起朝上，伸到牙龈区以及与之相连的上腭部分。这类辅音叫做顶辅音（какуминальный согласный）。

根据噪音的水平（噪音的强度）辅音又可分为响辅音 [м], [м'], [н], [н'], [л], [л'], [p], [p'], [j] 和噪辅音 [п], [п'], [б], [б'], [ф], [ф'], [т], [т'], [д], [ц'], [с], [с'], [з], [з'], [ц], [ч'], [ш], [ш'], [ж], [ж'], [к], [к'], [г], [г'], [х], [х']。噪辅音的噪音强度要远大于响辅音，其差异在于发噪辅音和响辅音时发音器官的紧张度、气流通过的宽度以及发音力度等方面的不同。发噪辅音时，口腔中阻碍气流的肌肉要比发响辅音时更紧张，而发响辅音时，气流通过的宽度要比发噪辅音时更宽，所以在言语中发噪辅音时从口腔呼出气流的力度要远大于发响辅音的气流力度。

[j] 这个音在一般话语中是响辅音。发音时舌背中部和上腭中部要比发噪辅音擦音更宽，在此位置舌头的紧张度不大，气流力度比发噪辅音要小。但在强调的情况下所有这些指标都会发生变化。试着平静地发一下单词 моя[маᵃjá]，然后再带着强烈感情发同一个单词，我们会发现，语气加重时发 [j] 的缝隙变小，舌头在形成缝隙的部位紧张度加强，气流的力度加大，此时 [j] 音变成了噪辅音。

清浊辅音的区别在于发音时有无嗓音。发音时声带靠近并在气流通过时发生振颤就形成了嗓音。浊辅音都是带嗓音的，如：[p], [л], [м], [н],[j] [б], [в], [г], [д], [ж], [з] 等，浊辅音又有浊响辅音和浊噪辅音，它们之间的区别在于，发浊响辅音时嗓音要远远多于噪音，而发浊噪辅音时正好相反。当只有噪音没有嗓音时就形成了清辅音：[к], [п], [с], [т], [ф], [х], [ц], [ч'], [ш] 等。发这些音时声带处于放松状态。

俄语辅音系统存在两个重要的对立，一个是清浊对立，另一个是软硬对立。

俄语中大多数辅音都是清浊成对的，比如：[п] — [б], [ф] — [в], [т] — [д], [с] — [з], [ш] — [ж] 等。[ц] 是清音，但有一个与之相对的浊音 [д͡з]，它的发音位置与 [ц] 相同，只是后面一定有一个浊辅音相随，如：пла [д͡з] да́рм, Шпи [д͡з] бе́рген, коне [д͡з] го́да。类似的清浊辅音对还有 [ч'] 和 [д͡ж'], 清辅音 [ч'] 在浊辅音前面时发成[д͡ж']音，例如：на [д͡ж'] базы（начбазы = начальник базы）, мя [д͡ж'] заби́ли（мяч забили），до [д͡ж'] говори́ла（дочь говорила）。[γ] 在一些词中可以构成清辅音 [х] 的对立浊辅音，如：дву[γ]годи́чный, мо[γ] зелёный, и[γ] ждали。

响辅音也有清浊的对立，比如：[р] — [р̥], [р'] — [р̥'], [л] — [л̥] — [л̥'] 等。清的响辅音可以出现在词尾清辅音之后：мет[р̥], вих[р̥'], смыс[л̥], мыс[л̥'], пес[н̥'], кос[м̥]。当清辅音 [j] 在词尾时，尤其是在具有情感色彩的言语里时，它构成浊响辅音 [j] 的对立音。如 Отда́[j̥]!，Откро́ [j̥]!, Сто[j̥]!

硬辅音和软辅音的区别特征在于发音部位的不同。发软辅音时舌头集中于口腔前部，发硬辅音时则集中于口腔后部。试比较：[в']ил — [в]ыл, [п']ил — [п]ыл, [л']ёг — [л]ог, [р']яд — [р]ад. 这一发音动作上的主要区别必然引起一些辅助发音动作的不同。发软辅音时由于舌部前移而产生腭化现象——舌背中部抬向硬腭，同时喉腔变宽变大。所以软辅音除 [j] 外都是腭化音。对 [j] 来说，舌背中部抬向硬腭中部不是辅助发音动作，而是基本发音动作，所以 [j] 是一个腭辅音。发硬辅音时由于舌头后移而使喉腔变窄变小——这种现象称为咽头化。所以硬辅音都是咽化音。此外在发硬辅音时可以观察到软腭化现象——舌背后部抬向软腭。

软腭化现象最明显地表现在 [л], [р], [ш], [ж] 几个音上面。它们的软腭化往往伴随着舌背中部的下弯。而一些唇辅音的软腭化却没有舌背中部下弯的现象，如：[п], [б], [ф], [в], [м]。软腭化最少的唇辅音是：[т], [д], [с], [з], [н], [ц]。前腭单焦辅音 [ш], [ж] 可以发成弱软腭化音，也可以不带软腭化。凡发音时能观察到软腭化现象的辅音都是软腭化音。至

于后舌音 [к], [г], [х], [ү]，由于它们的基本发音动作就是舌背后部抬向软腭，所以它们是软腭音，而不是软腭化音。因为后者只是一个辅助发音动作。

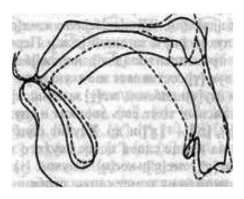

**图 13　辅音的 X 射线图**

—— [п] 在 апá 中的发音　　　---- [п'] 在 апя́ 中的发音

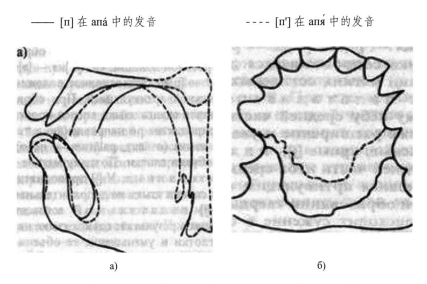

**图 14　(а) [к] и [к˙] 的 X 射线图，(б) [к] и [к˙] 的腭位图**

—— [к] 在 ак 中的发音情形
---- [к˙] 在 акя́ 中的发音情形

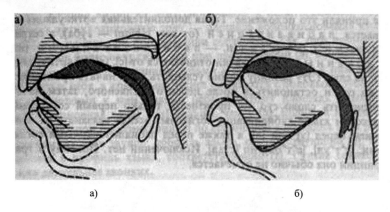

图 15　音在 X 射线图上显示的腭化和咽头化：a) [л] — [л'], 6) [ш] — [ш']。实线表示硬音，虚线表示软音。阴影部分右斜线区是腭化区，左斜线区是咽头化区。

绝大多数辅音都能形成软/硬对应的辅音组，如：[п] - [п'], [б] - [б'], [ф] - [ф'], [в] - [в'], [м] - [м'], [т] - [т'], [д] - [д'], [с] - [с'], [з] - [з'] 等。[ц] 是一个硬音，但当软辅音 [т'] 位于软辅音 [с'] 之前时，它们一起构成了 [ц] 的软音形式 [ц']，如：пя́[ц']ся, ма[ц'] Серёжи. [ч] 是一个软音，但当它位于 [ш] 之前时发硬音 [ч]，如 лу́[ч]ше（试比较：лу[ч']）。另外当 [т], [д] 位于 [ш] 之前时它们与 [ш] 音一起构成 [ч'] 的硬音形式 [ч]，如：о[ч]шатну́ться（отшатну́ться），по[ч]шути́ть(подшутить)。音组 дж 在词尾时也发成硬音 [ч]：имидж — и́ми[ч], колледж — ко́лле[ч], хадж: — ха́[ч]。硬音 [ш] 相对的软音是 [ш']：[ш'] ча́ем, мо́[ш']ный, [ш':]ка. 硬音 [ж] 的对应软音为 [ж']，这个音一般总是在两个相同的音在一起发长音时出现，我们看例子：во[ж':]и, дро́[ж':]и, ви[ж':]ать，这种软化 [ж] 的发音逐渐成为一种趋势，现在许多讲标准语的人都是这么发如下单词的：вожжи, дрожжи, визжать（当然也可以发成硬音长音 [ж:]）。只有 [j] 没有相对应的硬辅音。因为对其他软辅音来说，舌背中部抬向硬腭只是一个辅助发音动作，而对软辅音 [j] 来说，这个动作却是它的基本发音动作。

在下面这张表上罗列了现代俄罗斯标准语的基本语音和一些重要特征（见本书第 34 页）（每个小方格中左边是清辅音，右边是浊辅音，上面是硬辅音，下面是软辅音）。当然，挂一漏万的现象永远是存在的，随便就可以举出几个例子。比如在以下几组相对应的词中相同的音发音动作却是有差别的——сад 和 суд，дам 和 дум，таз 和 туз，在元音 [a] 前面的辅音发音时双唇不紧张，而在元音 [y] 前面的辅音发音时双唇要圆撮并前伸。在这些词（суд, дум, туз）将发未发之际嘴唇已经先行摆好姿态。

这种辅助发音动作我们称之为唇化（来自拉丁语 labium – 嘴唇），相应的辅音 [c°], [д°], [т°] 叫做唇化音。这些音和 [c], [д], [т] 不仅在发音动作，而且在听觉上都是有区别的（这个区别可以通过下面的方法检验：当开始发 сад 这个词时在发完第一个辅音后停住，然后开始发 суд 这个词的第一个辅音）。在俄语中辅音的唇化总是与它们的位置有关，一般都位于 [y] 或 [o] 之前，还有当它们位于被唇化的辅音之前时也会相应地被唇化，比如 [с° т° ул], [с° т° ол]，而在没有被唇化的辅音之前则不会被唇化，比如 [стал]。这一规则没有例外，所以在注音时一般都不标出。

此外，还可以根据紧张程度这一辅助特征来判别清浊辅音。清辅音要比浊辅音紧张程度更强。这是因为发清辅音时，位于喉头上方的肌肉——双唇和舌头的肌肉——更为紧张。肌肉的紧张表现为肌肉的扩张和拉伸。

这一点在 X 射线图和腭位图上看得很清楚。这两幅图清晰地显示了发辅音时舌头与上腭和牙齿接触的区域。

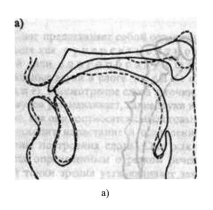 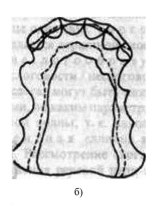

а) б)

图 16　发辅音 [т], [д] 时的 X 射线图和腭位图

а) X 射线图　　　　　　　　　　—— [т] 在 ата 中的发音情形
　　　　　　　　　　　　　　　---- [д] 在 ада 中的发音情形
б) 腭位图　　　　　　　　　　　—— [т] 在 ата 中的发音情形
　　　　　　　　　　　　　　　---- [д] 在 вода 中的发音情形

| 噪音水平 | 发音方法 | | 唇音 | | 前舌音 | | 中舌音 | 后舌音 | |
|---|---|---|---|---|---|---|---|---|---|
| | | | 双唇音 | 唇齿音 | 齿音 | 前腭音 | 中腭音 | 中腭音 | 后腭音 |
| 噪辅音 | 擦音 | 中缝音 | | ф в / ф' в' | с з / с' з' | ш ж / ш' ж' | | х' γ' | х γ |
| | | 边音 | | | л̑ л / л̑' л' | | | | |
| 响辅音 | 颤音 | | | | р̑ р / р̑' р' | | | | |
| | 鼻音 | | м м / м' м' | | н н / н' н' | | | н' | н̄ |
| | 爆破音 | 非鼻音 | п б / п' б' | | т д / т' д' | | | к' г' | к г |
| | | 咽喉音 | пᴹ бᴹ / пᴹ' бᴹ' | | тᴴ дᴴ / тᴴ' дᴴ' | | | | |
| 噪辅音 | 塞擦音 | 中缝音 | | | ц / ц' | ч / ч' | | | |
| | | 边音 | | | (т̑л) / (т̑'л') | | | | |
| | 非爆破音 | | п̑ б̑ / п̑' б̑' | | т̑ д̑ / т̑' д̑' | j ĵ | к̑' г̑' | к̑ г̑ |

清辅音在发音时肌肉更为紧张是可以理解的。因为我们必须对发清辅音时没有嗓音作一个补偿，否则它们听起来要比浊辅音的听觉效果差很多。所以必须加强音的噪音程度来提高听觉效果，于是发音时发音器官必须更加紧张，以制造更紧的阻塞，从而使得需要更强的气流来冲破阻塞，其结果必然导致发清辅音时噪音偏高。

在标准语的一般语流中，清辅音是紧张的，而浊辅音不紧张。无嗓音和紧张，有嗓音和不紧张——这是辅音两个相互联系的指标，其中有嗓音／无嗓音是主要指标，紧张／不紧张是辅助指标。

[п] 与 [б], [т] 与 [д], [с] 与 [з], [ш] 与 [ж], [к] 与 [г] 等辅音之间的主要区别就在于发音时有无嗓音存在。然而在没有嗓音的低语时，主要的区别性指标就变成了紧张／不紧张。所以我们即使是在低语时也可以区分下列词：там 和 дам，шар 和 жар，питóн 和 бидóн，собóр 和 запóр，кóрка 和 гóрка 等。

在区别软／硬辅音的时候也可以把紧张／不紧张作为一个辅助的区分指标。硬辅音不如软辅音紧张。这一点和清／浊辅音的区别一样，表现为软辅音比相应的硬辅音具有更广的发音区域以及更持久的发音时间。

## 第四节　音节

音节是语流中最小的发音单位，音节的基本特点是音节内部各个音素在声学和发音动作方面的紧密融合。从发音器官的活动上看，音节是一个不可分割的整体。

对音节的研究通常归结为两个方面，一是音节的语音本质，二是音节划分的原则。

**1. 音节理论：成音节音和非成音节音。**

关于音节的理论有好多种，每一种都从一个方面客观地反映了音节的本质问题。最早的音节理论，是元音中心说。该理论认为，只有元音才是成音节音，才能作为中心组成音节，而辅音都是非成音节音，不能组成音节。因此，有多少元音，就有多少音节。但是，这一理论没有将音节作为一定语层中的单位进行研究，也没有提出语流中音节之间的界线和划分原则等问题。随着对语音研究的进一步深入，新的理论不断出现，比较有代表性的有呼吸器官说、肌肉紧张说、合张运动说和响度说。

呼吸器官说认为，音节是音的组合，一个音节在发音时只有一次气流呼出。这种界定的优点是非常直观，可以用如下方法进行检验：在燃着的蜡烛前发 дом 一词，火焰抖动一次，发 рука 时火焰抖动两次，发 молоко 时火焰抖动三次。但这种界定并不周延，当我们发单音节词 сплав 时，蜡烛的火焰却抖动两次，发 [п] 音时双唇的闭合将气流分为两段。当我们发 ау! 时，蜡烛的火焰却只抖动一次，尽管这里有两个音节。

肌肉紧张说（由著名语言学家谢尔巴提出）认为，发音器官在工作过程中，肌肉紧张程度的最大和最小两个极限不断发生交替，这种交替与相应的响度变化，决定了音节的划分，界线就在肌肉紧张程度与响度二者的最小极限处。这种看法和我们发音时的直接感觉比较接近，但是，在发音时发音器官的所有肌肉几乎都参与了活动，有的紧张，有的松弛，紧张和松弛的时间和程度也各不相同，要受到音质、音强、音高等各方面因素的制约，究竟哪些肌肉的活动对划分音节是起决定作用的，目前还无法弄清楚。

合张运动理论认为，俄语中最小的发音结构，应是发音器官一次性合张运动（смыкательно-размыкательное движение）的结果，也就是辅音发音时器官的闭合和元音发音时器官的张开，算作发音器官活动的一次循环。这一理论，是以音节内各音发音时，发音器官的相互影响为出发点的。当音位呈辅音—元音排列时，彼此间影响比较大，融合比较紧。但是，当音位呈元音—辅音排列时，彼此间的融合不紧密，影响就比较小。

当代俄语语言学中比较流行的是阿瓦涅索夫（Р.И. Аванесов）等人主张的音节响度理论（сонорная теория）。根据这一理论，音节是响度不同的音组，音节中的各个音在响度上是不同的，其中最响的是成音节音，其余的音是非成音节音。丹麦语言学家伊斯佩尔森根据音的响度按由弱到强的顺序分出了 10 个等级：1）清擦音；2）清塞音；3）浊擦音；4）浊塞音；5）鼻音；6）边音；7）颤音；8）高元音；9）中元音；10）低元音。

根据音节响度理论，元音作为最响的音一般都是成音节音，而辅音一般都是非成音节音。不过对音节的划分不是根据音的绝对响度，而是根据相邻音之间的相对响度：有几个响度高峰就有几个音节。这样一来，辅音在一些情况下也可以成为成音节音。比如在词 рубль [ру-бл'] 中就有两个响度高峰，其中一个就是由响辅音 [л'] 形成的。又如俄罗斯人叫猫的时候发的音：кс-кс-кс。在这个语气词中有三个响度高峰，即三个音节，它们全是由清辅音 [с] 构成的。除了响度以外，紧张度也是判断辅音是否成音节音的一个标志：成音节辅音比非成音节辅音更加紧张。

以成音节音起始的音节称为凸首音节，比如：[он], [ил], [а-ист]。以非成音节音起始的音节称为非凸首音节，比如 [сам], [да-ска]。以成音节音结束的音节称为开音节，如：[да-л'и], [за-ко-ны], [т'и-гр]；以非成音节音结束的音节称为闭音节，如：[стол], [край], [заи-ч'ик]。

## 2. 音节划分

不同语言中对音节的划分各不相同。在俄语中音节划分是一个非常复杂的问题，至今还没有一个圆满的解决方案。

语言学家一致认为，在音节划分的时候，一个单词内部位于两个元音之间的辅音一般都随后一个元音组成音节，如：до-ма, во-до-пад, пе-ре-го-во-ры，如果两个元音之间有一组非成音节辅音且第一个是 й 时，则 й 一般划归前一个音节，如：тай-гá, вой-скá, чáй-ник, кóй-ка, стóй-ло 等。如果一个单词里两个元音之间有若干个辅音，那么对音节的划分不同的语言学家有不同的看法。词与词之间的音节划分也是如此。

**谢尔巴的音节划分原则**

谢尔巴在法国语言学家格拉蒙之后发展了成音节和非成音节音的肌肉紧张理论。根据这一理论，音节是由肌肉紧张的强弱形成的。位于声波波峰的就是成音节音。按照肌肉紧张的强度可以分为前强辅音和后强辅音。前强辅音是指肌肉在发音的初始紧张，后强辅音是指肌肉在发音结束时紧张。一般来说，后强辅音构成音节的起始，前强辅音构成音节的结束。

于是，谢尔巴的音节划分原则如下：

如果两个元音间有两个或三个辅音，那么音节划分的位置由重音的位置决定。如果重音落在两个元音中的前一个元音上，则音节划分的位置应该在第一个辅音之后，如：ко́л-ба, фона́р-щик, ба́н-тик, пя́т-ка, пла́к-са, ка́м-ни, ка́с-са, ва́н-на；如果重音落在后一个元音上，则其间的所有辅音都随后一个元音组成音节，如：ко-лбаса́, па-сту́х, пу-ска́ть, ка-фта́н, о-тца́, ре-мни́, ка-сси́р, коре-нно́й。这一规律可以表达如下：ЃС-СГ, Г-ССЃ（Г 表示元音，С 表示辅音）。

对音节划分位置产生影响的还有词的词素切分。在这种情况下音节的划分可能违背上述规则：рас-писа́ть, рас-та́ять, рас-ссо́риться, под-ры́ть, под-пере́ть, вы́гон-ка。

谢尔巴甚至允许重读的元音后面形成开音节：есте́-ственный, о́-ттепель（试比较：есте́с-твенный, о́т-тепель）。他同时指出，在按音节发音时，对非重读音节哪怕是极小的发力也可能导致其成为重读音节，并将后面音组中的辅音拉到前一个音节中。而在具体的言语中由于这样或那样的原因将词的非重读音节重读的情况是很常见的。

以上两种情况是有悖于谢尔巴提出的音节划分的基本规则的。需要指出的是，这些规则是面向按音节发音的情况的，在这种发音情况下语音词的结构发生了变形，任何一个音节在强调的时候都变成了重读音节，按照谢尔巴的规则，当它在一组辅音前时应该是闭音节。

关于实词与实词结合部的音节划分，谢尔巴认为应该以词为界线，而不是遵循词内部的音节划分规则。如：хо́дит \ о́коло — ходи́\ то́лком, ку́ст \ака́ции — на чеку́ \ ста́ла.

**阿瓦涅索夫的音节划分原则**

阿瓦涅索夫根据音节响度理论提出了自己的音节划分原则。他认为，词的所有音节（词首音节和词末音节除外）都遵循响度渐强的规律。换言之，从音节前部到高峰——即成音节音——响度是逐渐加强的。如果是开音节，则最响处落在音节末尾；如果是闭音节，则在成音节音之后响度减弱。阿瓦涅索夫用数字把音按响度分为三等：元音最响为 3，响辅音为 2，噪辅音为 1。

当两个元音间辅音组呈如下排列时：3-1-2-3, 3-1-1-2-3, 3-1-1-3, 3-1-

1-1-3, 3-2-2-3，音节的划分一般都在前一个元音之后。这是响度渐强规律的最佳体现：辅音组之前的音节以最大的响度结束，而辅音组所在的音节同样走向最大的响度。我们看例子：су-кно́, ба-тра́к, в-бла; то-скли́вый, пё-стрый, по-здра́вить; со́-пка, пу-сти́, ра-сса́да, и-зба́, ло́бзик, а-бба́т; торже-ство́; во-лна́, упо́-рно, по-нра́вился, А́-нна。在这种情况下辅音组之前的音节是开音节，它的响度渐强是必然的，不论前面是什么辅音：1-2-3, 1-3, 2-3, 当然前面也可能是两个响度一样的音：1-1-3, 2-2-3, 1-1-2-3 等。

当两个元音间的辅音组呈如下排列时：3-2-1-3, 3-2-1-2-3, 3-2-1-1-3, 即辅音组里是响辅音在前时，在音节的划分一般落在响辅音之后。这样前一个音节成为闭音节，响度在词尾相应减弱，而后一个音节则完全符合响度渐强的规律。如果音节分界线仍然落在第一个元音之后，则后一个音节则出现强——弱——更强的现象，完全破坏了响度渐强的规律。

这一划分原则也适用于辅音组中第一个辅音是 й 的情况。因为 й 比其后的噪辅音或响辅音都响，如果把 й 划入后一个音节，则又破坏了响度渐强的原则。所以在具体的划分中 й 都是随前一个音节的：вой-ди́, за́й-цы, тай-га́, ча́й-ник, сто́й-ло, пой-му́.

阿瓦涅索夫之所以排除了词首音节和词末音节，是因为在这两个音节中有可能发生例外情况，比如在词首音节中辅音组呈响辅音＋噪辅音的排列时，响度渐强的规律就被破坏了，比如：рта, ртуть, ржёт, ржано́й, ржа́вый, рдеть, лгу, лба, льго́та, льна, Мга, мха, мши́стый, Мста, Мценск 等词都属于 2-1-3 或 2-1-1-3 的排列；在词尾音节中辅音组可能出现噪辅音＋响辅音的排列，比如：быстр, шустр, мини́стр, добр, мудр, вепрь, дряхл, вобл, рубль, вопль, драхм, лохм, собла́зн, песнь, казнь 等等（3-1-2, 3-1-1-2）。当然，如果最后一个响辅音变成成音节音，那么它仍然符合响度渐强的规律，但在其他情形下，阿瓦涅索夫认为，它与响度渐强律是相抵触的。

然而有研究表明，不管在什么情况下，词首音节和词尾音节都符合响度渐强的规则。如果响辅音没有变成成音节音，那么它在实际发音中会自动把响度降到和后面辅音持平的水平。比如在 ртуть 这个词中，如果 p 变成成音节音，则标记为 3-1-4-1（按照潘诺夫的标记法），如果 p 没有变成成音节音，则标记为 1-1-4-1，也就是说，p 的响度降低到和清辅音 т 相同的水平。所以，不论在任何情况下，响度渐强的规则都是有效的。

同样，在词的中间音节中响辅音也会把响度降到与相邻辅音持平的水平。比如在 моржи 一词中可能出现两种不同的音节划分，当 p 发响音时，强度标记为 3-4-3-2-4，音节划分为 мор-жи，当 p 的响度降低到与 ж 相同的水平时，强度标记为 3-4-2-2-4，音节划分则为 мо-ржи。在 поршень 一词中当 p 的强度标记为 3 时，音节划分为 пор-шень，当 p 发生清化，响度降到 1 的水平时，音节划分则为 по-ршень。

阿瓦涅索夫认为，在一个词的词素结合部进行音节划分时同样遵循词素内音节划分的规则，只有一种例外，即当两个相同的辅音相邻发长音时，这种情况一般出现在前缀和词根连接的部位，或者是词根与后缀相接的部位。此时音节划分的位置就落在两个相同的辅音之间：бе[з\з]ву́чный, ра[з\з]накóмился, во[з\з]ри́лся, бе[с\с]вя́зный, бе[с\с]пóрный, ра[с\с]лы́шатъ, ра[ш\ш]выря́ть, ра[ш\ш]нуровáть, пелопонé[с\с]ский, эскимó[с\с]кий, пропаганди́[с\с]кий (пропаганди́[с/с]кий), су́[ш'\ш']ность.

在单音节的前置词与其后的词相连构成语音词时，其音节的划分和词内部的音节划分是一样的：по-д оси́ной, бе-з отцá, и-з óзера, бе-з трóйки, бе-з грóса.。所以下面两组语音词的音节划分也是一样的：и скотá 和 из котá, и скитá 和 из китá, 它们都位于辅音组之前。如果出现两个相同的辅音相邻发长音的情况，则音节划分线的位置落在两个相同的辅音之间，例如：и[с\с]котá, и[с\с]китá, бе[с\с]лóв, бе[з\з]вóна, и[з\з]рачкá, и[с\с]воегó, бе[ш\ш]вá, а также по[т\т]рóном, по[т\т]воим 等等。

同谢尔巴一样，阿瓦涅索夫也认为，实词之间的音节划分一般按词的界线为分界线。

### 邦达尔科的音节划分原则

邦达尔科认为，俄语中所有的音节都是开音节，只有一种情形例外，就是当两个元音间的辅音组是以 й 打头时，й 必须划归前一个音节（这样前一个音节就成了闭音节）。这种划分法基于一个假设，即同一个音节内各个音之间的联系要比不同音节之间音的联系更紧密。在此前提下可以得出如下结论：如果在音组 ГССГ 中音节的划分在辅音之间（ГС-ГС），那么第一个元音和随后辅音之间的相互影响应该比两个辅音之间的相互影响要大，而在另一种划分法中（Г-ССГ）则情况正好相反。

邦达尔科随后证明，实际上 Г-ССГ 的情形更常见。他以圆唇音对其前辅音唇化的现象为例。在发音实践中圆唇音前面的所有辅音都会发生唇化现象，无论重音的位置何在。比如：па́сту [па́с°т°у] 和 посту́ [па°с°т°у́], ма́рку [ма́р°к°у] 和 озерку́ [а°з'и³р°к°у́]，在这两组词中，第一个元音都是非唇化音，但从音标来看，它们对后面的辅音并不产生影响，真正对辅音产生影响的是圆唇音。所以可以得出结论：在 ГССГ 的组合中音节划分的位置应该在第一个元音之后，整个辅音组应该被划到第二个音节里。

但还有另一种情况，即第一个元音是圆唇音，第二个元音是非圆唇音。在这种情况下圆唇音对后面辅音的影响不大，比如在 пу́сто [пу́стə] 和 у́са [у́сə] 两词中，圆唇音 [у] 对后面辅音 [с] 的唇化影响很小，只影响到三分之一个辅音。所以这两个词的音节划分仍然是在第一个元音之后。

软辅音 [р'] 对其前面元音的影响也不大，所以在词 го́ре 和 го́рько 中音节的分界线都在 [р'] 之前。

邦达尔科认为，无论是词内部词素之间的界线还是词外部词与词之间的界线都不是音节划分的标志。比如，在词组 были стужи 和 Борис тужит 中，辅音音组 ст 在两个词组里都被唇化了——[с°т°]，所以，在连贯语流中音节的划分应该是超越词的界线的：бы-ли-сту-жи, Бо-ри-сту-жит。又如，在句子 Мать укажет вам дорогу 和 Катю каждый знает 中，мать 和 Катю 两词里的辅音 [т'°] 都被唇化了，而这两个辅音后面的元音在性质上又都是一样的，所以在这两种情形下都应该划为开音节：ма-т'у-ка..., ка-т'у-ка...

如果一个词以辅音结尾，且后面是停顿，那么就出现了末尾开音节的情况。例如，如果末尾是爆破音，那么它就会获得强烈的送气，在功能上起到元音的作用，所以 кот 这个词在注音上会被注为 ко-тə；如果末尾是响辅音,那么它们要么被元音化,要么被清化,获得与爆破音相近的效果。

邦达尔科的这一理论最初是想证明一个音节内各个音之间的联系要比音节之间音的联系紧密。这种观点尽管得到了广泛的认同,但是它的解释范围是很有限的,在许多语言和方言中都能找到大量反例。

目前在俄罗斯语音学界比较通行的是阿瓦涅索夫的音节划分法,其根本原则是在诸如 ГССГ 和 ГСССГ 这样的语音组合中,音节的划分根据相邻辅音的响度和长度来确定。

在语流中一般不进行音节划分,因为在语流中音节之间是没有界线的,音节内部和音节之间的音都是连读的,从一个音流向另一个音,甚至借助仪器都无法观察到音与音之间的界线。所以在一般的日常语言中是不谈音节划分的,而在静态条件下对单词或词组所做的音节划分在语流中却不起作用,因为语流中相邻的音之间可能会发生同化、相互适应以及发声动作融合等现象。

# 第三章　重音

词可以由一个或若干个音节组成。其中一个音节是重读音节，其他的音节为非重读音节。词重音是在非单一音节的词中突出一个重音的结果。有了重音，语音链的各部分就连接成为一个整体——语音词。

## 第一节　重音的语音本质

在不同的语言中区分重读音节的方法各有不同。在俄语中重读音节和非重读音节的区别体现在力度、长度和音色三个方面。重读音节的力度（强度）和长度主要取决于以下两个方面：

1. 通常元音是音节中重要的成音节部分，因此重读音节和非重读音节发音的力度和长度方面的差异在对比元音的发音时最明显。元音的力度表现在它的响度上。比如，在词形 пила́, пиле́, пило́й 或单词 вода́, сукно́, сыро́й 中重读元音比非重读元音要响亮。每一个元音都有自身的力度（强度）和与此相关的响度。它取决于在发元音时口腔共鸣器和喉腔共鸣器的容积，而这个容积本身与口腔开合度，即发元音时舌位的高低和前后紧密相关。高元音 [и], [ы], [у] 比中元音 [э], [о] 的力度和响度要小，低元音 [а] 力度最大也最响。后元音比前元音响亮，因此 [у] 比 [и] 响亮，而 [о] 比 [э] 响亮。这样就可以按照元音自身的力度由小到大把元音进行排列：[и]-[ы]-[у]-[э]-[о]-[а]。

每一个元音都有自己的响度和重读的界限。读音比这个界限响亮的元音一般都被认为是重读元音。在单词 пили́ 中第二个 [и] 不仅比第一个发得响亮，而且它的响度已经超过了重读的界限，而第一个 [и] 的响度则低于这个界限。在单词 пали́ 中 [а] 比 [и] 响亮，但重读音节是 [и]，因为 [и] 的响度高于它的重读界限，而 [а] 的响度则低于它本身的重读界限。

2. 每一个元音的重读界限不是固定的，而是根据词重音的位置而变化的。一个孤立的词中元音的强度 (i) 和长度 (t) 受制于重读音节的位置：重音离词首越近，元音的强度越强，长度越小；重音离词尾越近，元音的强度越弱，长度越长。如下图：

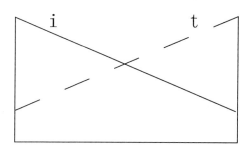

重音在词的第一个音节　　　重音在词的最后一个音节

　　词在句子中的位置也对元音的力度和长度产生影响。这在句子和语段的起首和结尾（无论那里是什么元音，是非重读还是重读）表现得特别明显：在句首时强度特大，在句尾时长度特长。

　　因此，一般来说重读元音比非重读元音更有力、更长，尽管某些词和句子中具体的重读元音在具体的情况下可以发得比非重读元音弱或短，但在上述规则的综合作用下，听者自然会准确地判断出词的重读音节的位置。

　　重读元音还有一个特点，即它们具有特别的音色。例如，在 Вот брат взял нож 这个句子中每个词都有重音，вот、нож 中的 [o] 和 взял[вз'ал] 中软辅音后的 ['a] 以及 брат 中的 [a] 都具有典型的重读元音的音色，而在操母语的人的语言意识中都存有一套元音音色标准，根据音色标准他们很容易知道这些元音是重读元音。

　　重读与非重读不仅是元音的属性，而且是整个音节的属性。重读音节的特点就是清晰地发所有的音。而在非重读音节中元音与辅音的相互影响则非常明显。

## 第二节　词中重音的位置

　　在俄语中重音可以落在词的任何音节和任何词素上——前缀、词根、后缀、词尾。如：вы́пустить, до́мик, доро́га, столо́вая, дела́, дорого́й, распространя́ть, перегруппирова́ть. 这种重音被称作异位重音或自由重音。

重音具有辨义的功能。根据重音的位置可以把构成相同或相近的词和词形区分开来：

а）各种形式都不同的两个词，如：за́мок, за́мка, за́мку 和 замо́к, замка́, замку́ 等；му́ка, му́ки, му́ку 和 мука́, муки́, муку́ 等；связно́й, связна́я, связно́е, связны́е 和 свя́зный, свя́зная, свя́зное, свя́зные 等；па́рить, па́рю, па́ришь 和 пари́ть, парю́, пари́шь 等；заброни́ровать, заброни́рую, заброни́руешь 和 забронирова́ть, забронирую́, забронируе́шь 等；здо́рово（副词）和 здоро́во（语气词）；

б）某些具有相同词形的两个词，如：бе́лка 和 белка́, по́ла 和 пола́, пи́ща(名词) 和 пища́(副动词), но́шу 和 ношу́, кро́ю 和 крою́, три́(动词) 和 три (数词)；

в）同一个词的不同形式，如：во́лос 和 воло́с, гла́за 和 глаза́, во́лны 和 волны́, но́ги 和 ноги́, хо́дите 和 ходи́те 等。

## 1. 非移动构形重音和移动构形重音

一个词在进行词形变化，构成它的语法形式时，重音没有发生变化，仍留在原来的位置，这种重音叫做非移动重音或固定构形重音。如：кни́га, кни́ги, кни́ге, кни́гу, кни́гой, о кни́ге, кни́ги, кни́гам, кни́гами, о кни́гах; де́лать, де́лаю, де́лаешь, де́лает, де́лаем, де́лаете, де́лают, де́лал, де́лала, де́лало, де́лали, де́лай, де́лающий, де́лавший, де́лаемый, де́ланный, де́лая, де́лав 等。俄语中绝大部分（约96%）词的重音都是非移动重音。非移动重音可以落在词干上（前缀，如：при́город, вы́мыть；词根，如：ка́рта, удо́бный；后缀，如：волчо́нок, дубо́вый）或者落在词尾上和构形词缀上（如 статья́, больно́й, нести́）。

当一个词在词形变化时，重音从一个音节移到另一个音节上，从一个词素移到另一个词素上，这种变动不居的重音叫做移动构形重音。一个词素内部的重音移动是极少遇到的。如：де́рево — дере́вья, ко́лос — коло́сья, о́зеро — озёра, боро́ться — бо́рется 等。通常移动重音的变化是重音在词干和词尾间交替。

## 2. 名词的重音

名词有两种非移动重音和六种移动重音。如果我们以字母 A 表示词干上的非移动重音，用字母 B 表示词尾的非移动重音，用字母 C 表示移动重音，单数和复数形式的重音位置分别标出。而以正方形表示词干，用圆圈表示词尾，重音的位置涂黑，那么名词的主要重音类型可以用下图来表示：

| 形式 \ 类型 | | AA | BB | AB | BA | AC | BC | CA | CC |
|---|---|---|---|---|---|---|---|---|---|
| 单数 | 第一格 | ■○ | □● | □● | ■○ | □● | □● | ■○ | ■○ |
| | 第二格 | ■○ | □● | ■○ | □● | ■○ | □● | ■○ | ■○ |
| | 第三格 | ■○ | □● | ■○ | □● | ■○ | □● | ■○ | ■○ |
| | 第四格 | ■○ | □● | ■○ | □● | ■○ | □● | □● | ■○ |
| | 第五格 | ■○ | □● | ■○ | □● | ■○ | □● | ■○ | ■○ |
| | 第六格 | ■○ | □● | ■○ | □● | ■○ | □● | ■○ | ■○ |
| 复数 | 第一格 | ■○ | □● | □● | ■○ | ■○ | ■○ | □● | □● |
| | 第二格 | ■○ | □● | □● | ■○ | □● | ■○ | □● | □● |
| | 第三格 | ■○ | □● | □● | ■○ | □● | ■○ | □● | □● |
| | 第五格 | ■○ | □● | □● | ■○ | □● | ■○ | □● | □● |
| | 第六格 | ■○ | □● | □● | ■○ | □● | ■○ | □● | □● |

图中没有列出名词复数四格的形式，因为在不同的名词中，复数四格的形式要么同一格，要么同二格。

从这个图我们可以看出，名词重音的类型是由 4 个形式决定的，即四格形式、元音在词尾的任何其他单数形式、一格形式和元音在词尾的任何其他复数形式（四格和一格形式重合的除外）。

AA 型是最普遍的类型，它包括 3 万多个（92%）名词，3 个性的名词都有，如：阳性名词 внук, знак, ме́сяц, парк，阴性名词 бу́ква, соба́ка, мысль, тетра́дь, 中性名词 боло́то, коле́но, пра́вило, я́блоко；

BB 型的名词有 2 千多词（7%），也是 3 个性的名词都有，如：阳性名词 кот, сапо́г, стол, у́гол，阴性名词 западня́, кишка́, статья́, чешуя́, 中性名词 житие́, озерко́, очко́, словцо́；

AB 型的名词有大约 300 个阳性和中性名词，如：го́род, дом, о́стров, снег; де́ло, зе́ркало, мо́ре, сло́во;

BA 型有 150 多个名词，主要是阴性和中性名词，如：звезда́, игра́, страна́, трава́; вино́, лицо́, письмо́, число́，也有少量阳性名词，如：глазо́к — гла́зки, зубо́к — зу́бки, лист — ли́стья;

AC 型有大约 120 个名词，主要是阳性和阴性名词，如：зуб, го́лубь, ко́рень, слог; дверь, ло́шадь, мышь, це́рковь, 还有 2 个中性名词：о́ко 和 у́хо;

BC 型包括约 40 个阴性名词，如：волна́, губа́, свеча́, слеза́, 还有少量的阳性和中性名词，如：гвоздь, конь, у́голь; крыльцо́, плечо́;

CA 型有 12 个阴性名词：душа́, земля́, зима́, спина́, цена́ 等;

CC 型有 13 个阴性名词: борода́, голова́, гора́, нога́, рука́, сторона́ 等。

一些词的变化形式中词尾没有元音，如：рукав, мороз, овец, сторон 等，也有的词干是非成音节的，如：дно, зло, льва, сна 等。在这种情况下词干或词尾上的重音可能就是必须的，试比较：рука́в — рукава́ 和 моро́з — моро́за，在确定重音类型时，这样的重音就不考虑在内了。

在 AA、AB、AC 重音类型中，某些第二变格法阳性名词和第三变格法阴性名词在前置词 в, на 后变成第六格时，重音可能落在词尾上。在这种情况下阳性名词的六格词尾变化特殊，变成了 -у / -ю, 如：в снегу́, в соку́, в лесу́, в таком-то часу́, в году́, в бою́; на берегу́, на ветру́, на лугу́, на мосту́, на краю́ 等。阴性名词的词尾还是第三变格法的正常形式 -и, 如: в грязи́, в пыли́, в степи́, в тени́, на мели́, на печи́, на цепи́ 等。

名词和某些前置词，通常是和 за, на, по 连用时，重音可能出现两可的情况，既可以转移到前置词上，也可以仍保留在名词上，但前一种情况是陈旧用法。如：за́ голову ( за го́лову), за́ ночь ( за но́чь), за́ город ( за го́род), на́ воду (на во́ду), на́ смерть (на сме́рть), на́ год (на го́д), по́ снегу (по сне́гу), по́ морю(по мо́рю), по́ небу (по не́бу) 又如：бе́з вести, до́ полу, и́з дому, о́б пол, о́т роду, по́д вечер, при́ смерти 等等。

## 3. 形容词的重音

所有长尾形容词的重音都是非移动重音，根据重音的位置，可以区分出有不同重音的两类形容词：A 型与 B 型。A 型形容词的特点是它的重音落在所有单、复数变格形式的词干上。如：ста́рый, ста́рого, ста́рому, ста́рым, о ста́ром; ста́рая, ста́рой, ста́рую; ста́рое; ста́рые, ста́рых, ста́рым, ста́рыми, о ста́рых，所有带词尾 -ый / -ий 的形容词都属于 A 类型的形容词，如：но́вый, кра́сный, до́лгий, си́ний, хоро́ший 等。这样的形容词大约有 1 万 5 千个。B 型形容词的特点是重音落在所有单、复数变格形式的词尾上，如：молодо́й, молодо́го, молодо́му, молоды́м, о молодо́м; молода́я, молодо́й, молоду́ю; молодо́е; молоды́е, молоды́х, молоды́м, молоды́ми, о молоды́х，所有带词尾 -ой 的形容词都属于 B 类型的形容词，如：большо́й, живо́й, ключево́й, прямо́й, сыро́й 等等。这样的形容词大概有 1 千个。

形容词短尾有主要有三种重音类型：A 型，B 型和 C 型。因为阳性形式的形容词短尾形式是零词尾，所以分类时并不考虑在内。

| 形式 \ 类型 | | A | B | C |
|---|---|---|---|---|
| 单数 | 阳性 | гото́в | умён | жив |
| | 阴性 | гото́ва | умна́ | жива́ |
| | 中性 | гото́во | умно́ | жи́во |
| 复数 | | гото́вы | умны́ | жи́вы |

属于 A 型的形容词有：ве́чный, зно́йный, лжи́вый, спо́рный, суро́вый 等，这样的形容词占绝大多数；属于 B 型的形容词有：ра́вный, све́тлый, смешно́й, тяжёлый, хоро́ший 等. 属于 C 型的形容词有：ги́бкий, гла́дкий, дря́хлый, сла́дкий, це́лый 等。

后缀为 -е 和 –ше 的形容词比较级的重音始终落在词干上，如：бли́же, про́ще, ле́гче, ста́рше, 后缀为 -ее/ -ей 的形容词比较级，其重音可以在词干或构形后缀上，如：восто́чнее, краси́вее, беле́е, поздне́е 等。

综上所述，形容词所有变化形式的重音可能是非移动重音，落在同一个位置：可以在词干上，如：вня́тный, вня́тна, вня́тно, вня́тны, вня́тнее；可以在词尾上或构形后缀上，如：смешно́й, смешна́, смешно́, смешны́, смешне́е；形容词的重音也可能是移动重音，这时长尾和短尾形式和（或）比较级形式的重音在不同的词素上，如：це́нный, це́нна, це́нно, це́нны, це́ннее；лёгкий, легка́, легко́, легки́, ле́гче；тёмный, темна́, темно́, темны́, темне́е 等。

### 4. 动词的重音

现在时（简单将来时）和过去时主要有三种重音类型：A 型落在词干上的非移动重音，B 型落在词尾上的非移动重音和 C 型——移动重音。现在时和过去时形式结合起来有以下几种重音类型：

| 形式 \ 类型 | | | AA | BB | BA | BC | CA | CB | CC |
|---|---|---|---|---|---|---|---|---|---|
| 现在时将来时 | 单数 | 第一人称 | ■○ | □● | □● | □● | □● | ■○ | □● |
| | | 第二人称 | ■○ | □● | □● | □● | ■○ | □● | ■○ |
| | | 第三人称 | ■○ | □● | □● | □● | ■○ | □● | ■○ |
| | 复数 | 第一人称 | ■○ | □● | □● | □● | ■○ | □● | ■○ |
| | | 第二人称 | ■○ | □● | □● | □● | ■○ | □● | ■○ |
| | | 第三人称 | ■○ | □● | □● | □● | ■○ | □● | ■○ |
| 过去时 | 单数 | 阴性 | ■○ | □● | □● | □● | □● | □● | □● |
| | | 中性 | ■○ | □● | ■○ | □● | ■○ | □● | ■○ |
| | 复数 | | ■○ | □● | ■○ | □● | ■○ | □● | ■○ |

从表中可以看出，在 C 类型的现在时各形式中，单数第一人称的重音落在词尾上，其他形式落在词干上；过去时各形式中，阴性形式重音落在词尾上，中性和复数形式落在词干上。阳性形式永远是零词尾，所以分类时不考虑在内，但词为中性和复数形式时要把重音补上。

词干上的重音可能在前缀上、词根上或后缀上，比如，AA 类型的动词有：ви́деть, де́лать, пры́гнуть, слы́шать, тре́бовать 等，它们的重音落在词根上；боле́ть, жале́ть, игра́ть, рисова́ть, чита́ть 等词的重音在后缀上；алка́ть, колеба́ть, колыха́ть 等词现在时的重音落在词根（没

有后缀），过去时的重音落在后缀。再如其他类型的动词，BB 类型的动词：бере́чь, печь, стере́чь, нести́, расти́；BC 类型的动词：жить, плыть, прясть；而нача́ть, спать, умере́ть 也可假定属于此类型，它们的现在时（简单将来时）词根没有元音；CA 类型的动词：гаси́ть, води́ть, держа́ть, корми́ть, люби́ть, CB 类型的动词：мочь, изнемо́чь, помо́чь, превозмо́чь；CC 类型的动词：гнать, обня́ть, отня́ть, подня́ть, разня́ть。

只有个别动词构成的重音类型没有列到表格内，如：AB 类型的лечь；AC 类型的быть；CA 类型的хоте́ть。

如果算上动词的其他一些变化形式如动词不定式、命令式、副动词、形动词，我们可以确定动词所有形式的固定（非移动）重音。如在词根上的固定重音：па́чкать, па́чкаю, па́чкаешь..., па́чкал, па́чкала, па́чкало, па́чкали, па́чкай, па́чкающий, па́чкавший, па́чкаемый, па́чканный, па́чкана, па́чкано, па́чканы, па́чкая；如词干后缀上的固定重音：рисова́ть, рису́ю, рису́ешь..., рисова́л, рисова́ла, рисова́ло, рисова́ли, рису́й, рису́ющий, рисова́вший, рису́емый, рисо́ванный, рисо́вана, рисо́вано, рисо́ваны, рису́я。

有些动词其某些形式的重音不得不进行内部的移动。如：动词 вести́ 几乎所有变化形式的重音都在词尾或构形后缀上：веду́, ведёшь..., вела́, вело́, вели́, веди́, веду́щий, ведо́мый, ведённый, ведена́, ведя́；但它的过去时阳性形式 вёл 因为零变化词尾，重音不得不移动，形动词 ве́дший 因为构形后缀没有元音，重音不得不移动到词根上；动词 обрати́ть 的动词不定式词尾没有元音，重音在词干的后缀上，由此词干构成的所有形式都如此；而现在时形式和由此现在时词干构成的所有形式的重音都在词尾或构形后缀上，如：обращу́, обрати́шь..., обрати́л, обрати́ла, обрати́ло, обрати́ли, обрати́, обрати́вший, обрати́мый, обращённый, обращена́, обрати́в。对这种重音目前还没有定论，一些语言学家认为这种重音是非移动重音，而另一些语言学家则认为是移动重音。

## 5. 非移动构词重音和移动构词重音

在构词中也可以发现和构形一样的重音规律。派生词的重音可能和生产词的重音在同一词素上，如：кни́га — кни́жка, медве́дь — медве́дица, бога́тый — бога́ч, бере́за — берёзовый, голосова́ть — голосова́ние, обледене́ть — обледене́лый, 这样的重音就是非移动构词重音。其他情况下生产词和派生词重音在不同的词素上。如：звезда́ — звёздочка, ло́шадь — лошадёнка, глухо́й — глу́хость, изба́вить — избавле́ние, 这就是移动构词重音。

　　大多数情况下重音的位置和派生词的重音类型都遵循一定的规律。比方说，绝大多数派生词（除带前缀的动词外）的重音是非移动重音。例如，дом 的重音类型是 AB 型，до́мик 的重音是 AA 型；река́ 的重音类型是 BA 型，речу́шка 的重音类型是 AA 型；земля́ 的重音类型是 CA 型，земля́к 的重音类型 BB 型；сеть 的重音类型是 AC，се́тка 的重音类型是 AA 型。而那些区别仅在于有没有前缀的动词，其重音类型通常是一样的，如：толо́чь 和 растоло́чь 都属于 BB 型，стричь 和 подстри́чь 同属于 BA 型，ле́чишь 和 залечи́ть 都属于 CA 型等。

　　派生词的重音位置可能取决于一定类型的词素。例如，一些前缀总是重读：名词中的前缀 па-：па́водок, па́дуб, па́дчерица, па́сынок；单音节词根中表示"反映"意思的前缀 от-：о́тблеск, о́тзвук, о́тклик, о́тсвет；不定代词和否定代词或副词中的前缀 не-：не́кто, не́что, не́кий, не́который, не́сколько, не́где, не́куда, не́когда, 完成体动词和动名词中的前缀 вы-：вы́звать — вы́зов, вы́нести — вы́нос, вы́рубить — вы́рубка 等。

　　有些后缀永远重读。例如，名词中的 -аг(а) / -яг(а) — молодча́га, бедня́га, бродя́га, дворня́га；-ак(а) /-як(а) — зева́ка, служа́ка, вояка, гуля́ка; -онок / -ёнок — бочо́нок, медвежо́нок, котёнок, слонёнок; -ох(а) / -ёх(а) — выпиво́ха, пройдо́ха, дурёха, растерёха; -ул(я) / -юл(я) — бабу́ля, грязну́ля, косу́ля, чистю́ля; -ант — дикта́нт, курса́нт, музыка́нт, эмигра́нт; -ациj(а) — вибра́ция, дегаза́ция, информа́ция, ликвида́ция; -изм — идеали́зм, капитали́зм, куби́зм, оптими́зм；形容词中的 -ав(ый) /-яв(ый) — велича́вый, слаща́вый, дыря́вый, черня́вый; -аст(ый) /-яст(ый) — губа́стый, зуба́стый, ноздря́стый, щеля́стый; -енн(ый) и -ущ(ий) /-ющ(ий); 带有加强意义的一些形容词：высоче́нный, здорове́нный, толсте́нный, тяжеле́нный; большу́щий, здорову́щий, длинню́щий, худю́щий; -ийск(ий)—альпи́йский, будди́йский, олимпи́йский, эвенки́йский; -оват (ый) / -еват (ый)— грубова́тый, горькова́тый, молдцева́тый, синева́тый 等。

有些后缀永远不重读。这种情况下重音要么在后缀前面，要么在后缀后面。重音总是在名词后缀前的有：-тель — писа́тель, учи́тель, выключа́тель, дви́гатель; -льник — буди́льник, купа́льник, морози́льник, пая́льник; -льщик — боле́льщик, кури́льщик, носи́льщик, чи́стильщик; -оньк(а) — берёзонька, ку́хонька, ко́сонька, ры́бонька; -ышк(о) — брёвнышко, го́рлышко, кры́лышко, пёрышко 等；重音总是在名词后缀后面（即在词尾上）的有：-ак / -як — вожа́к, рыса́к, моря́к, червя́к; -ач — богач, силач, скрипа́ч, труба́ч; -ёж / -еж — грабёж, чертёж, падёж, рубёж; -няк — дубня́к, ивня́к, лозня́к, столбня́к; -ун — бегу́н, горбу́н, скаку́н, хвасту́н 等。

## 第三节　附着词

在言语交际中一些词没有重音，它们和其他的词相连，构成一个语音词。在重读词前的无重音词，被称为前附词（проклитика）。前附词通常是单音节前置词、连接词和一些语气词，如：на ‿ горе́; ко ‿ мне; сестра́ ｜ и ‿ брат; сказа́л, ｜ чтобы ‿ пришли́; не ‿ зна́ю 等。在重读词后面的无重音词被称为后附词（энклитика）。后附词通常是单音节语气词：скажи́-ка, он же, придёт ли 等。一些单音节前置词和语气词自身也可以带上重音，此时它后面的独立词就变成了后附词，如：на́ спину, по́д руки, и́з лесу, бе́з вести, не́ было 等。

当绝对前附词和后附词与主干词紧邻时，它们可以融合为一个语音词，这个语音词中元音和辅音的发音和在实义词中一样，例如：до ‿ са́да (试比较：доса́да), на ‿ си́лу (试比较：наси́лу), при ‿ во́льном (试比较：приво́льном); лей-ка (试比较：ле́йка), та́к ‿ же (试比较：та́кже) 等。

相对附着词没有自己的重音，它附着于重音词，发音与绝对附着词的发音有所不同。差异主要表现在两个方面：一些情况下相对附着词还保留一些独立词的语音特征，所以附着词在某些位置上不发生元音弱化现象，比如连接词 но 和 то... то 在发音上总是保留着重读的音 [o]：мороз, но солнце [но-со́нцə], овёс то рос, то полёг [то-ро́с | то-па³л'о́к]；某些前置词也是如此：для нас [дл'а-на́с], вдоль улиц [вдол'-у́л'и³ц], вне дома [вн'э-до́мə], сверх обуви [св'эрх-о́був'и³]；还包括某些代词：те леса [т'э-л'и³са́] ( 试比较 телеса [т'и³л'и³са́]), вор он [во́р-он] ( 试比较 ворон [во́рəн])。而在另一些情况下，相对附着词也发生元音弱化，但其弱化程度与实义词内部元音弱化的程度不同。例如，连接词 да 和语气词 так，无论整个语音词的重音处在什么位置，其元音都发 [ə]——река да море [də-мо́р'ə] ( 试比较：До моря [да³-мо́р'ə])，Попросят, так вымою — [тəк-вы́məиу] ( 试比较副词中：Так вымою, что еще попросят — [та́к вы́məиу]。连接词 что 在任一重读前音节中可能发 [ə]，但也可能发 [o]：Сказали, что Нина ушла — [штə-н'и́нə] 或 [што-н'и́нə] ( 试比较 штанина [шта³н'и́нə])；这两种情况下连接词 что 都是相对附着词。

## 第四节　弱重音

有些词在言语中的重音可能要比作独立词时发得弱一些，这种重音被称作弱重音，用符号 [ˋ] 表示，以此和用 [ˊ] 表示的主重音相区别。

带弱重音的一般是一些双音节和三音节的前置词、连接词，比如：пѐред отхо́дом, о̀коло до́ма, ѐсли смо́жешь, потому̀ что хо́лодно 等；还有关系词：лѐс, отку́да мы вы́шли; письмо́, кото̀рое присла́ли；和名词搭配的简单数词：два̀ часа́, дѐсять рубле́й；某些代词：о̀н прие́хал, его̀ сестра́；系词 быть, стать——у́тро бы̀ло моро́зное, он ста̀л учи́телем；带情态意义的词：зна́й себѐ нахва́ливает, собира́лся бы̀ло уе́хать, придёт быва̀ло и молчи́т 等。

## 第五节　　次重音

言语中一些词除了主重音外还可能出现一个靠近词首的附加重音，这种重音被称作次重音，它和弱重音一样，都用符号 [`] 表示。通常带次重音的词都是一些结构复杂的词，比如复合词和复合缩写词，以及带某些前缀的词—— вагòностроѝтельный, дèревообдéлочный, пèдуниверситéт, стрòй –материáлы, àнтикоррозѝйный, бèзвариáнтный, дòперестрóечный, пòслеобéденный, сòпереживáние。次重音还可以出现在多音节词中，如：àмортизáция, ỳниверситéт, эволюционѝстский 等。

与词重音不同，次重音并不总是出现在语流中具体的词中。孤立地发一个词也可能带或不带次重音，因此次重音主要和句子的特点有关系。

以下这些条件是次重音产生的充分条件：

1. 语流中两个重读音节之间一般会有两个非重读音节。如果在一个词里重读音节前有三个或三个以上的非重读音节，那么说话者就倾向于加上次重音。重音前面的音节越多，次重音出现的几率就越大。如 àкклиматизациóнный, вòдоэмульсиóнный, высòкопроизводѝтельный, пèревоплощéние, элèктропередáча, эксплуатациóнный 等，这些词重音前都有 4—6 个音节，通常发音时都带次重音。

这种情况下次重音的位置会前移到词的第一个音节（而其同根词的重音一般不在第一个音节）。如：глỳбоковóдный, зèрнохранѝлище, кòраблекрушéние, мèтрогородóк, мòлокозавóд, сòбаковóдство 等。

2. 一些不常见的专业书面语词通常带次重音，如：вòдозабóр, звèрофéрма, стàрославя́нский, фòтофóбия（试比较常用的词：водопровóд, зверобóй, старообрáзный, фотогрáфия）。

3. 次重音应该向谈话参与者传递某些新的、未知的信息，如果该信息对听话者来说已经不是新内容了，那么传达这一信息的词就不带次重音（在句子的实际切分理论中这种新信息被称作 рема，已知的信息

称作 тема），我们看下面两个例子：

И отправили этого мальчика в детдо́м. Этот детдо́м находился где-то в пригороде.

Очень скоро его назначили главре́дом. Главре́дом он был неважным, но хорошо ориентировался в обстановке.

4. 在比较和对比时可能重读词的第一个成分，从而形成次重音，如：

Он с блеском проводил как внеаудито́рные, так и классные занятия.

Не столько сознанием, сколько подсозна́нием он уловил перемену в общем настроении.

Передаем программу теле- и радиопереда́ч.

Она учится не на педфа́ке, а на филфаке.

Это не дорефо́рменные, а послерефо́рменные тенденции.

Это не диетстоло́вая, а какая-то забегаловка.

Нельзя недооценивать эти движения, но нельзя их и переоце́нивать.

5. 在强调发音时可能会重读词的第一部分，此时次重音可能出现在通常它不出现的词中，其中包括简单结构的词。如：От этого зависит благосостоя́ние общества. Замеча́тельно! Великоле́пно! Восхити́тельно!

和主重音一样，次重音通过加大重读音节的力度和长度来体现。次重音可能较弱，在力度和长度上都不及词的主重音。但当主重音强时次重音也会强。当在对比关系的情况下需要特别强调发音时，次重音会比主重音力度大，长度长。此时次重音强，而主重音弱。但力度和长度上的这种相互关系通常不反映在主重音和次重音的标示符号上。

词中有三或四个词干时，就可能有三或四个重音 — 前面的两个或三个是次重音，而最后一个是主重音，如：аэрофотосъёмка, теплоэлектроцентра́ль, автомотого́нщик, Мособл-финотде́л 或 Мособлфинотде́л 等。

## 第六节　句重音、语段重音以及重读

如果语段或句子包含几个语音词，则其中一个词的重音更强。可以通过语段重音或句重音来强调语段或句子中的某一个词。例如：

Лизавéта Ивáновна │ сидéла в ‿ своéй кóмнате │ ещё в ‿ бальном своём наряде │ погружённая в ‿ лубóкие размышлéния; Графѝня не ‿ отвечáла.（语段重音和句重音用符号 [″] 表示。）语段重音和句重音并不关涉意义，所以用重音强调的词并不表示在意义上更重要。语段重音和句重音的功能在于从语音上把几个词连接成语段或句子，这些重音把文本切分成语段和句子。语段重音和句重音位于语段和句子的最后一个词上，并以此表明它们是语段和句子的结尾。

语段重音和句重音的辨别与这些重音划分的音段单位的辨别相关。但从物理特性来说来说，句重音和语段重音重合。在分析只以这种重音为特点的有声文本时，可以把文本切分为和语段相对应的音段，但无法分出句子间的界限。要想做到这一点必须考虑停顿的长短和语调的特点等音素。因此大多数语言学家们把语段重音和句重音统称为句重音。

在语段中用更强的重音来突出某个词以强调它的特殊意义，这被称作重读。它可能比句重音强，且落在句（语段）中任何一个词上。重读表达不同的意义关系、评价判断、建立文本中独特的信息标志。

1. 明显的或言外的对比意义。

**Я** пойду в кино, а не ты;

Я **пойду** в кино ( 虽然我很忙 );

Я пойду в **кино** ( 而不是去其他地方 )。

这种重读经常被称为逻辑重音。在 Я пойду в кино 这个句子中句重音也可能落在最后一个词上，这时它没有重读的重音强。

2. 说话者对词的主观评价。在这种情况下重读能赋予词"非常多""很高程度"等意义。

Мы **ежегодно** посылаем туда студентов;

Он **опять** идет с этой девочкой;

У нас **очень** часто записи срывались;

Мы **часто** ошибаемся в своих оценках.

3. 加强否定。重读否定语气词 не 或前置词 без 能加强否定意味，并带有隐含的辩论意味:

Она **не** голосовала за этого кандидата;

Граница между предложениями **не** обозначена в этом случае;

Это совсем **не** необходимо;

Препаратом можно пользоваться **без** каких-либо ограничений;

Он прочел этот отрывок **без** интонации, совершенно монотонно.

4. 重读可能和句子的实际切分有关，一般把更强的重音赋予句子的新信息部分。

例如，在 Грачи улетели 这个句子中新信息可能是说这些鸟飞走了，那么句子的主要重音就在词 улетели 上。在这种情况下落在词上的是一般的句重音。但词还能用比句重音更强的重音来强调，这就是词的重读：Грачи **улетели**. 这个句子中的新信息也可能是飞走的正是白嘴鸦，这时重读的是第一个词：**Грачи** улетели；在这种情况下从力度上来说该重音可能和句重音一样，也可能比它更强。

5. 在 Что там разбилось? — **Стакан** разбился. 这个句子中，新信息由词 стакан 表达；这是句子的未知，在言语中它通过重读得到体现。但这里还有另外一个句子：Что там за шум? — **Стакан** разбился. 这里整句内容都是新信息。这种情况下重读的是蕴含主体信息的名词。在 Не шуми: **бабушка** спит. 这个句子中，包含在 бабушка спит 中的整个信息都很重要。同样的例子还有：И **часа** не прошло, как они вернулись; Еще **фотоаппарат** мне тогда купили; Что-то **сон** одолевает; Всё унесли и только старый сундук оставили.

6. 口语中说话者倾向于用重音来强调句首的词，如：**Пауза** в тексте — это определенное временное рассечение звучащей речи; **Расшифровки** черных ящиков будут получены через несколько дней; **Второе** условие выполняется гораздо проще; **Следовательно**, вы отказываетесь от этого плана; **И** после сличения этих данных вопросы останутся; **Если** же результаты будут положительными, мы продолжим исследование.

7、借助重读可以突出文本的主要信息点——即需要特别注意的那些词。例如：朗读下面这个文本时可以作如下重读划分（以粗体表示）：

Роман Пушкина, как известно, «**полисюжетен**». В нем

развиваются, переплетаясь, **повествовательный** (его называют также «**событийным**» <...>) и **поэтический** сюжеты, на скрещениях и пересечениях которых возникают бифуркационные точки, точки **реального** или **потенциального** сюжетного ветвления, где автор и / или его герои оказываются в ситуации **выбора решения**, определяющего дальнейшее движение событий, и в конечном счете, выбора **судьбы**. Эти варианты развития могут проигрываться на **виртуальном** уровне — в **сознании** автора, **вообще** не выходя на поверхность, и мы можем узнать об этом только по косвенным, **внетекстовым** данным: сохраненные памятью современников лукавые удивления Пушкина по поводу **неожиданных** для него поступков Татьяны как раз и являются **знаками** таких развилок, на **каждой** из которых роман мог бы повернуть на другую дорогу».

развиваются, перепиваются, повествовательный (его называют также «событийным» <...>) и поэтический сюжети, на скрещениях и пересечениях которых возникают бифуркационные точки, точки реального или потенциального сюжетного истечения, где автор и / или его герои оказываются в ситуации выбора решения, определяющего дальнейшее движение событий, а в конечном счете, исхода судьбы. Эти варианты развилок могут проигрываться на виртуальном уровне — в сознании автора, вообще не выходя на поверхность, и мы можем узнать об этом только по косвенным, внетекстовым данным: скрываемые памятью современников душевные упражнения Пушкина по поводу неожиданных для него поступков Татьяны как раз и являются знаками таких развилок, на каждой из которых роман мог бы повернуть на другую дорогу».

# 第四章　语调

语调是言语的节奏旋律部分，它的作用在于把语流切分成语段和句子，此外还能表达句子的句法意义、情态和情感表现力色彩。

## 第一节 语调的音调手段

音调手段是语调的基本手段。每一个说话者说话时都有自己的平均音调（或称为中调），但在语段和句子的某些地方音调会抬高或降低。

勃雷兹古诺娃（Е.А.Брызгунова）区分了 7 种调型，其中 6 种调型是以音调的运动为基础的。这种方法是目前普遍认可的一种方法。

每一个调型都由三个部分组成：调心、调心前部和调心后部。调心是调型结构必须具备的一个部分，语段的主要重音就落在调心这个音节上。在具体的语段中可能没有调心前部和调心后部。例如：

——Наступило **лето**.

——Дверь не **заперта**.

——**Где** книга?

——**Здесь**.

上述例子中黑体的音节就是调型的调心。勃雷兹古诺娃的调型理论认为调心前部不能区分调型，调心前部通常是中调。调型的主要区别特征是音调在调心和调心后部的运动。

勃雷兹古诺娃区分的 7 种调型可以用示意图的形式来表示，其中线条表示的是音调在调心前部、调心和调心后部的运动。这样大多数调型的示意图都可以用 3 条线来表示。

调型—1 调心的音调下降，调心后部音调低于中调。

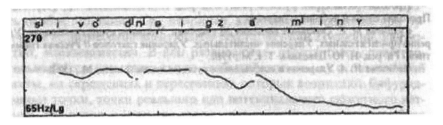

图 17　用调型 --1 读 *Сегодня экзамены.* 这个句子时的调型图。

调型—1 一般表示话语的终结意义，在陈述句中使用：Поздняя о\сень. Грачи́\ улетели, ле́с\ обнажился, поля́\ опустели...(Н. Некрасов)——这些例子中调心用重音符号标出，音调的下降用符号 \ 表示，标在发生音调下降的音节之后。

调型—2　————

调型—2 调心的音要发在调心前部的音域范围内，在调心后的那个音节音调降低，低于中调。

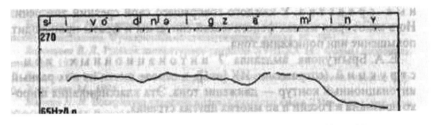

图 18　用调型—2 读 *Сегодня экзамены.* 这个句子时的调型图。

调型—2 通常用于带有疑问词的特殊疑问句和祈使句中。

调型—1 和调型—2 的音调图线条相同：都是从中调急剧下降，之后音调低于中调。这两个调型的区别在于音调下降的位置：在调型—1 中音调在调心位置下降，而在调型—2 中音调在调心之后的那个音节下降。例如，句子 Грачи́ улетели 和 Куда́ ты идёшь? 可以用调型—1 读出，音调在标着重音符号的调心下降：Грачи́\ улетели, Куда́\ ты идёшь? 这两个句子也可以用调型—2 读出，音调在调心后的第一个音节下降：

Грачи́ у\летели, Куда́ ты\ идёшь?

调型—2

调型—3 调心的音调急剧上升，调心后部的音调低于中调。

图 19 用调型—3 读 *Сегодня экзамены?* 这个句子时的调型图。

调型—3 用以表示没有完结的话语。因此调型—3 通常用于没有疑问词的一般疑问句：А́/нна\ пьёт сок? Анна пьёт/ сок\? 音调的上升用符号 / 表示，标在发生音调上升的音节之后。调型—3 主要见于句子中的未完结语段：Когда Каштанка опо́/мни\лась, | музыка уже не играла (Чехов). 调型—3 也可以用在呼语中和表达请求时：Мари́/но\чка, | позвони́/ за\втра. 在没有调心后部的情况下，有时会出现音调的上升-下降运动：Ва́-ань/\! Иди сюда! 但在多数情况下音调在上升过程中中断：Анна пьёт со́к/? Сдам зачёт/ | — поеду домой.

调心的音调下降，调心后部音调高于中调。

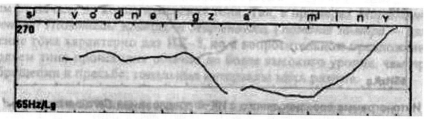

图 20 用调型—4 读 *Сегодня экзамены?* 这个句子时的调型图。

调型—4 通常用在带有对别连接词 a 的不完全疑问句，和有要求意味的提问中。如：А Ната́\ша/? Ва́ше и́\мя/? Фами́\ли/я? 调心后部音调上升，可以在重音后第一个音节音调就上升，如：А Ба́\ри/нова? 或者在重音后最后一个音节上升，如：А Ба́\ринова/? 抑或在重音后整个部分均衡上升。在没有调心后部的情况下，音调在调心上进行下降—上升运动：А мы́\/?

调型—5

与其他调型相比，调型—5 的特点是有两个调心：在第一个调心音调上升，在第二个调心或在第二个调心后的那个音节音调下降，两个调心间的音调高于中调，调心后部的音调低于中调。

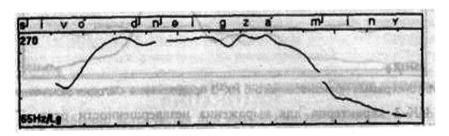

图 21 用调型—5 读 *Сегодня экзамены！* 这个句子时的调型图。

调型—5 通常表示事物的特征、行为和状态的非同寻常。如：Како́й/ у неё го́\лос! 或 Како́/й у неё го́лос\! Ка́к/ она танцу́\ет 或 Ка́к/ она танцу́ет\! Настоя́щая весна́\! 调型—5 还常用于带有疑问词的特殊疑问句中。如：Куда́/ ты идёшь\? Како́й/ у неё го́\лос? 调型—5 还可以用在由一个多音节词构成的单词句中，这个单词一般带有次重音，以表达情感。如：Вѐ/ликоле́/пно! Во̀/схити́\тельно!

调型—6

调型—6 的调心音调上升，调心后部的音调高于中调。

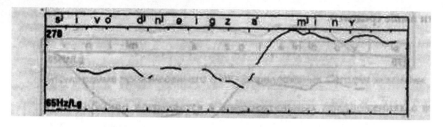

图 22　用调型—6 读 *Сегодня экзамены!* 这个句子时的调型图。

调型—6 通常表示突然发现事物的特征、行为和状态的非同寻常。Какой компо́т/ вкусный! Как она танцу́/ет! Сколько воды́/ набралось! 当没有调心后部的情况下，调型—3 和调型—6 通常没什么差别。试比较：Сколько воды́/? 和 Сколько воды́/ !

综上所述，调型的区别性特征是：调心部分的音调走向基本为上升、下降、平中调；调心后部的音调走向基本为上升、下降、平高调、平低调。这些区别性特征的不同组合就构成了各个调型的不同特点。

调心前部的音调也是区分不同类型话语的手段。例如，在肯定句中调心前部所有的词在重读音节上音调都有些上升，在非重读音节上都下降。如：Эта картина художника Петро́ва. 而在疑问句中，调心前部的这种音调区分特点就很不明显。如：Эта картина художника Петро́ва?

在某些情况下语段或句子的总体音调水平可能上升或下降。由此区分出三个音区：中音区—大部分的语段和句子其音调都在中音区。如：Он такой вялый, грустный, ленивый；高音区，如：Он такой хорошенький, пухленький, курносенький；低音区，如：Он такой грубый, грязный, хмурый.（在俄语中这些句子的音调不可能出现在别的音区。）

当重复发问时音调主要在高音区。如：Куда, ты сказал, тебе надо ехать? 音调在低音区的通常是插入语和传达任选信息的句子，如：У Саввы, пастуха (он барских пас овец), вдруг убывать овечки стали (Крылов)；或唤醒记忆的重复发问句，如：Как её зовут? — Как её зовут? Не знаю. 直接引语后或直接引语中的作者的话通常和直接引语的音区不同。如果直接引语用中音区，那么作者的话就要用低音区或高音区。如：Вот хороший выстрел, — сказал я, обращаясь к графу. —Да,

— отвечал он, — выстрел очень замечательный (Пушкин).

从低音区的低音到高音区的高音之间的差距就构成了每个说话者的音域。

音调上升或下降的间隔决定了语调的性质。所谓间隔是指音调变化从开始到结束之间低音和高音之间的距离。例如：Мари́/но\чка звонила? Позвони́шь/ за\втра? 和 Мари́/но\чка, | позвони́/ за\втра. 音调的运动提示是调型—3，但在疑问句中音调往往上升到比呼语和请求时更高的水平；它们音调的间隔是不同的。

## 第二节　语调的功能

语音、音节、重音是单一的语言单位，它们只体现了词和词素的外部特征，而词和词素是多维的语言单位，它们不仅包含能指特征，还包含所指特征。在这个意义上语调既可以作为单一语言单位也可以充当多维语言单位。

语调作为单一语言单位实现的是纯粹的语音功能，即把语流切分为语段和句子，并把语音词连接成语段，把语段连接成句子。例如，在句子 За заводами кончался го́род（调型—3）| и начиналось по́ле（调型—1）(Чехов) 中有两个语段。它们中间可以不作停顿，这种情况下它们之间的界限就只能由语音的变化表示：语音由中音以下向中音运动。

语调作为多维语言单位可以区分不同类型的句子。例如，сегодня понедельник 这两个词的组合只能表示这两个词所包含的内容。但用一定的语调读出这个词组后，它就变成了疑问句：Сегодня понедельник? 或者肯定句：Сегодня понедельник. 这时语调表达的是疑问和肯定的语法意义。语调还能表达另外一些句法意义：已知信息和未知信息、话语的主要部分和次要部分、插入语和句子、区分别人的话和说话人自己的话等等。语调表达意义，这就意味着语调具有表意的功能。

语调作为多维语言单位还能表达情态—说话者对话语内容或对受话者的态度，以及表达各种情感意味。例如：

1　　　　　　　　　2　　　　　　　　　3

Студентам идти. —Кому?— Студентам идти. — Студентам идти?—

⁴Студентам идти. Их очередь. — ⁵Студентам идти! Ура! — ⁶Студентам идти? Не слышу.

词上面的数字表示调型的调心和调型的类型。

1

Зачем ты это сделал?（威胁）

2

Зачем ты это сделал?（一般疑问）

3

Зачем ты это сделал?（内心的痛楚）

4

Зачем ты это сделал?（责备）

5

Зачем ты это сделал?（非常遗憾）

6

Зачем ты это сделал?（困惑，重问）

Какое у нее платье?（一般嗓音）Черное или белое?

Какое у нее платье!（送气的声音）Великолепное!

Какое у нее платье!（切齿的声音）Паршивенькое!

Какое у нее платье!（紧张的声音）Отвечай!

Какое у нее платье?（放松的声音）Разве это важно?

  语音学只涉及了语调的一些外部特征，即语音层面的手段：音高、力度、长度和音色等。关于语调意义的研究应该分专章研究，可以称之为音调学，但目前在俄语语法中还没有这一方面的内容。音调学应该和词汇学、成语学、词素学、构词学、形态学和句法学这样的章节并列。它研究的对象应该包括不同的音调单位、音调意义的类型、音调同义现象和反义现象、中和现象、不同音调类型的搭配规律，即音调的句法等等。目前在这一领域的研究刚刚起步，应该说前景广阔。

# 第五章 音位学

## 第一节　言语中的音与语言中的音

说俄语的人都知道，在单词 а 中只有一个音，即 [а]，在单词 да 中有两个音：[д] 和 [а]，而在单词 дам 中有三个音：[д], [а] 和 [м]。我们很容易就能发出这些单词，并能在别人的言语中识别它们。为了保证能够在言语中识别单词，所有的说话人在发音时，必须发得一致。

但是实际上每一个人在发同一个音时，都以自己的方式，并不总是发得一样。既然这些音相互间有差别，那么它们就应该是不同的音。严格来说，我们不可能两次完全相同地发同一个词。它们之间总是会有这样或那样的差别（这种差别可能是音高方面的，也可能是音长方面，还可能是力度或音色方面的）。

尽管如此，我们还是会认为这些所谓有差别的词（由不同的人发出的相同音组的词）是同一个单词。这是因为，首先，音之间的一些差别我们是听不出来的：这些差别极其细微，在人耳接受的范围之外（但专门的仪器可以识别它们）；其次，在我们的语言意识中，每一个音不是以点的形式呈现的，而是以分散的区域的方式呈现的。在此区域内的所有音（尽管有差别）都被说话人和听话人视为同一个音。

音可以分为言语中的音和语言中的音。言语中的音是具体的人在具体的场合下发的具体的音。一个音通常是不能精确再现的，当它第二次被发出时已经是另一个言语中的音了。只有借助于高精度的录音机和播放器才能重复同一个音。言语中的音是发音和发声空间里的一个点。

语言中的音是说话人认为同一的，发音发声方面相近的许多言语中的音的集合。语言中的音是类型音，是存在于说话人语言意识里的语音模板。和所有的集合一样，语言中的音已经不是具体的语音了，而是一个抽象的概念。这两个概念的区别类似于言语和语言的区别。

下面我们谈到语音时，一般指的就是语言中的语音。音标符号中体现的正是语言中的语音。

## 第二节　　音位

我们不仅把发音和发声方面类似的音等量齐观,有时候我们还将那些因为不同发音条件而造成区别的音也视为相同的音。请看下面这个例子:

воз 和 ввоз 这两个词的区别在于第一个音:воз 中第一个音是 [в],而 ввоз 中第一个音是长音 [в:]。如果说发 воз 中的 [в] 的发 100 毫秒的话,那么延长 [в] 的发音至两倍长,而不改变其他音的发音长度,我们得到的就是单词 ввоз。但如果 [в] 的音发 200 毫秒,并相应地延长其他音的发音,那么我们得到的还是原来的词 воз。这就是说,说话人在发音时通过和其他音音长相比较来确定一个音的长度,因此一个词中发得快的短音和发得慢的长音被视作同一个语音单位。

一个词可能有各种不同的发音方式,如不同的长度(如上例),不同的音量(一个词可以发得很轻,或喊出来),不同的乐音(一些人是男低音,一些人是男高音,女性的声音通常比男人的高,孩子的声音比成人的高)等等。

还有一种情况,当一个音处于不同的位置时,也可能造成发音的不同。比如说,[ц] 在浊辅音前会发成 [дз]:一般情况下发 гля́не[ц],коне́[ц], оте́[ц],而当其位于浊辅音前且没有停顿时发 гляне [дз] был, коне́ [дз] го́да, оте́ [дз] до́ма。从说话者的角度来说,此时的 [ц] 和 [дз] 在某种程度上是一样的。如果我们仔细听 Петр, Петра, Петру 这三个形式中 p 位置上发的音,我们就能发现这些音其实也并不相同。在 Петр 这个形式中通常发清辅音 [p];当 p 在两个清辅音之间时,它发得更响,比如 Петр Первый;在 Петру 这个形式中在 [у] 前发唇音 [p°],而在 Петра 这个形式中,在 [а] 前发非唇音 [p]。但说话者通常都发现不了这些区别,对他们来说,[p], [p̂] 和 [p°] 都是同一个单位,而这个单位我们就叫它音位。

音位是作为统一的一组音存在于在我们的语言意识中的。说话者一般不会注意到同属于一个音位的那些音之间的区别,把它们当做同一个音。在 мир, мирок, мировой 几个词中音位 /и/ 是以不同的音的形式体现的：重读的 [и] 比非重读的要长，而且发音时舌位较高，试比较：м[и]р, м[иᵊ]рок, м[иᵊ]ровой。这种区别也见于 в[иᵊ]згл[и́]вый 和 [иᵊ]скр[и́]ть 的两个 и 之间。对俄罗斯人来说，这种区别很不明显，只有在强调的情况下才可显现。但对英国人来说，[i:] 和 [i] 的区别是很明显的，如：read[ri:d] 和 rid[rid]，scene [si:n] 和 sin[sin]，wheel[wi:l] 和 will [wil]，这是因为在英语中 [i:] 和 [i] 是不同的音位，而在俄语中以 мир- 为词根的两个音 [и:] 和 [иᵊ] 被归为一个音位。

[э] 在软辅音前读成闭合的高元音：л[э]то — л[э́]тний, с[э́]тка — с[э́]ть, п[э]л — п[э́]ли。对俄罗斯人来说这样的区别不重要，俄语中的 [э] 和 [э́] 是一个音位。而在法语中与这两个音类似的开元音 [ɛ] 和闭元音 [e] 就是两个不同的音位：près [prɛ] —pré[pre], fait [fɛ] —fée [fe] 等等。

由此我们可以看出，不同的音处在同一位置上时，它们代表不同的音位（在英语中 [i:] 和 [i] 可以出现在同样的辅音前重读位置，在法语中 [ɛ] 和 [e] 在开音节中对立）。而不同的音出现在不同的位置，由于位置的制约，却可以表示相同的音位（俄语中 [и:] 只出现在重读位置，[иᵊ] 只在非重读位置；[э] 只能在硬辅音前，[э́] 只能在软辅音中间）。所以，决定两个音是否属于同一音位的不是其发声或发音的相近，而是它们所处的位置。

由语音位置决定的一系列相互交替的音就构成了音位。

音位在语言中有一个重要的功用——区分不同的词和词素。比如说，бар, вар, дар, жар, пар, шар 这些词相互间的区别就在第一个音 [б], [в], [д], [ж], [п], [м] 上。这些音是音位 /б/, /в/, /д/, /ж/, /п/, /м/ 的具体体现。在 бар, бор, бур 三个词中，[a], [o],[y] 是区分这些单词的音位 /a/, /o/, /y/ 的具体体现。一个词或一个词形中的音位不仅可以与另一个词或词形中的音位对立，而且可以和零音位对立，如：бор 和 бора, бору, сбор, убор, борт 几个词的对立。音位的这种功能被称为辨义功能。

不是所有能区分词的音都属于不同的音位，比如在 сода [cº óдə] 和 сада[cáдə] 中有两对不同的音 [cº] — [c] 和 [o] — [a]。但这两组音之间的对应关系并不一样。[o] 和 [a] 都能出现在相同的重读位置上，因此它

们是不同的音位 /o/ 和 /a/ 的代表，它们可以是两个词的唯一区别，如：óда — áда, óхать — áхать, óстры —áстры；而 [c] 和 [c°] 的发音是由其所处的位置所决定的，因此它们代表同一个音位 /c/，而且永远也不可能成为两个词之间的唯一区别。

音位的另一个功用是使相同的词和词素能被视为同一。音位的这个功能被称作感知功能或认同功能。为什么我们认为 лез (лезть 的过去式) 和 лес 有不同的词根？这是因为它们的意义完全不同。为什么我们认为 лез 和 залез 的词根是一样的呢？首先，因为它的意义一样。但这还不够：залез на дерево 和 взобрался на дерево 的意义也一样，但我们不认为 залез 和 взобрался 是同一个词。лез 和 залез 的词根读起来完全一样，所以可以将它们等同。但为什么我们认为 залез, залезу 和 залезать 的词根也一样呢？毕竟它们的发音不同：за[л'э́с], за[л'э́з°]у 和 за[л'и́з]áть，我们之所以这样认为，是因为这个词根的交替音都属于同一个音位。

音位是语言的表意单位——词素和词的构建材料，音位用于这些单位的构成（它们的表达层面——语音外壳）。音位的这个功能叫做构成功能。例如，мяч 这个词由三个音位组成—/м'ач'/；набрать 的前缀、词根、后缀和词尾由音位 /на-бр-а-т'/ 组成。音位是最短的线性语言单位。

言语中与音位相对应的是音。说话者正是根据音位的切分来进行音的切分。不了解语言，不了解它的音位组成就不能把音流分成相应的音段。通过更细致的分析我们发现，人们在发 мяч 时发的不是一个元音，而是几个不同的过渡音 [и-ä-и]，之后首先是和类似 [т'] 音对应的发音器官的接合，然后是 [ш'] 音。了解 /м'ач'/ 这个词的音位构成能使我们把 [i͡ä] 认作俄语的一个音，同样也能使我们把 [t͡ш] 的连读形式认作一个音（字母上的连线表示这不是几个音，而是对应于一个音位的连在一起的一个音）。

在不同的语言中，说话者根据不同的音位切分可能把同样或是相似的连续的音段切分成不同的音。例如，俄语中 май 这个词有三个音位 /maj/，三个音 [маи̯]，而英语中 my[mai] 有两个音位和两个音——辅音和复元音。

音位是语言语音层的抽象单位，在言语中体现为位置上相互交替的音的集合。所有的这些音都是音位出现在不同的词和词形时，在俄语所有词素中的实现。但在每一个单独的词素中，音位通常只代表这个集合中的一部分。

例如，/o/ 这个音位代表了以下一系列的音：

位置：1—2—3—4—5—6—7—8—9—10—11

音：[o]-[˙o]-[o˙]-[ö]2- [aᵊ] -[aᵊ]-[ə]- [ə] -[˙ə] - [иᵊ] - [иᵊ]

1. 在硬辅音之间的重读位置，
2. 在软辅音后硬辅音前的重读位置，
3. 在硬辅音后软辅音前的重读位置，
4. 在软辅音之间的重读位置，
5. 在硬辅音之间，且在重音前第一个音节，
6. 在硬辅音后软辅音前，且在重音前的第一个音节，
7. 在硬辅音之间的非重读音节，且不是重音前第一个音节，
8. 在硬辅音后软辅音前的非重读音节，且不是重音前第一个音节，
9. 在软辅音后且重音后的词末开音节，
10. 在软辅音后硬辅音前的非重读音节，
11. 在软辅音之间的非重读音节。

上述一系列随位交替的音都是音位 /o/ 的代表，所以说该音位是从具体的词素中抽象得来的，是特殊的语音单位。但这一音的系列是在俄语所有带这个音位的词和词素的基础上形成的，虽然在每一个词素中仅是这个集合中的一部分来体现音位 /o/。例如，根词素 -стол- 中音位 /o/ 由这一系列中的五个音来体现：[o] — стол, [o˙] — столик, [aᵊ] — стола, [aᵊ] — на столе́, [ə] — столова́ться；第二变位法的名词单数第五格词尾 -ом 中，音位 /o/ 由四个音来体现：[o] — быко́м, [˙o] — конём, [ə] — во́лком, [иᵊ] — оле́нем；但是在 очень 这个词中，只有这一个词根，音位 /o/ 就只由 [o˙] 这个音来体现。

因此，音位是最短的可线性区分的语言单位，它由受语音位置制约的一系列交替音来体现，其功能是对词和词素进行构成、区分和认同。

国际上一般用 / / 来标记音位。

## 第三节　随位交替

词形 козá, козé, козý, коз 和词 кóзлы, козёл, козерóг 的词根都是 коз-，但这三个字母在不同的词形或词中发音不尽相同。比如字母 з 有以下几种发音：[з] — козá, кóзлы；[з'] — козé, козерóг；[с] — коз；[з°] — козý；[з'°] — козёл；字母 о 的发音有：[о] — кóзлы, коз, [аʲ] — козá козé, козёл, [ə] — козерóг。另外，字母 к 的发音也各不相同：在 [аʲ], [ə] 前面发 [к] — козá, козерóг，在 [о] 前面发 [к°] — кóзлы, коз。我们把这种相同的字母在不同词或词形中发生的变化称为随位交替。如果用比较科学的语言来表述，就是：同一词素中位置相同的音在不同的词或词形中发生的变化称作交替。这里面"同一词素"是必要条件，如果我们把 ко[з]á, ко[с]á 这两个词中的 [з] 替换成 [с]（或相反），这种情况不是交替，因为词根不一样。另外，同一个词的两个变体 тоннель 和 туннель 也有音的变化：[аʲ] 和 [у]，但这不是交替，而是同一个词形的语音变体。

交替可能和词中音的位置有关。例如，俄语中 [г] 这个音如果在词末就替换成 [к]：подру[г]а — дру[к], но[г]а — но[к], слу[г]а — слу[к], бе[г]у — бе[к], кру[г]лый — кру[к]。这种交替没有例外，即便在新词中这个规律同样适用。比如外来词 акваланг 和 смог 以及缩写词 киборг (кибернетический организм)，它们的读音都遵循这个规律。

俄语中 [г] ‖ [к] 的交替就是随位交替。随位交替是指在某个位置上发生的交替。

音的交替可能由词首的位置引起。在一些非完全 о 化发音的俄语方言中，位于词首的 [о] 在重音前第二个音节时发 [у] 的音，如 [ó]блако—[у]блакá, [ó]стров—[у]стровá, [ó]труби—[у]трубéй，还有 [у]го-рóд, [у]топри́, [у]бязáтельно, [у]деяло 等。

交替还常和音节中音的位置有关。例如，在非重读的秃首音节中 /о/ 这个音位就以 [аʲ] 音的形式体现：[ó]зеро — [аʲ]зёра — [аʲ]зеркó — на [аʲ]зеркé。在非秃首音节中 [аʲ] 音在硬辅音后出现一般仅限于重音前

第一个音节中（也可能在词末的开音节中），在位于硬辅音后的其他非重读音节中它发 [ə]，试比较：в [аº]зёрах 和 в [ə]зеркé。

交替常常是由相邻音之间的位置关系决定的。比如，俄语中硬辅音后的 [и] 变成 [ы]：[и]грá — с[ы]грáть, [и]крá — с [ы]крóй, онá [и] он — он [ы] онá。我们写的是 ножи, широкий, 而发的音却是 нож[ы́], ш[ы]рóкий, 因为 [ж], [ш] 是硬辅音。浊辅音在清辅音前由清辅音代替：вя[з]áть—свя́[с]ка (связка), ле[г]лá-улё[к]ся (улёгся)。

音与重音位置的关系也能决定音的交替：重读的 [э] 在非重读位置被替换成 [иэ]：св['э́]рху — нав[иэ]рхý, пóв['иэ]рху, 重读元音前的 [j] 音在其他位置时被替换成 [и]，试比较 св[já] 和 свá[иэ], сво[и], сва[и]。

所有这些例子都体现了语音交替的特点。语音交替的条件都和语音相关，其中包括：在词或音节的首尾、与其他音的相邻关系、在重读或非重读音节等。

随位交替的另一种情况是形态交替。比如 [г] ‖ [ж] 的交替：подру[г]а — дру[ж]ный, бума[г]а — бума[ж]ный, тай[г]а — таё[ж]ный, дви[г]ать — подви[ж]ный, мо[г]у — возмо[ж]ный。这样的交替在许多词中都存在，但是不是可以认为，它是由在 [н] 前的位置所决定的，所以它也是语音交替呢？非也。在 [н] 前的 [г] 不一定替换成 [ж]，如：[г]он — [гн]ать, ми[г]ать — ми[гн]уть, ша[г]ать — ша[гн]уть, 这里没有语音的位置制约关系，但存在另一种位置制约关系：在形容词后缀 -н- 前这个位置上，必定会出现 [г] ‖ [ж] 的交替。此时的位置是形态位置，交替是形态交替。俄语中的外来词 каталог, флаг, фрамуга, шпага 在构成带后缀 -н- 的形容词时，和其他的俄语固有词一样，[г] 就变成了 [ж]：каталожный, флажный, фрамужный, шпажный 等。

在形态交替中，作为特殊位置的不仅可以是后缀，还可以是词尾。动词中词干末的唇辅音 [б'], [п'], [в'], [м'] 在第一人称单数形式中替换成音组 [бл'], [пл'], [вл'] [мл']，如：губить — гублю, топить — топлю, травить — травлю, кормить — кормлю。俄语里有一个带唇辅音 [ф'] 的动词 графить，这个词的变化也遵循这个规则，第一人称单数形式是графлю。但这类交替不是唇辅音后的元音引起的，而是第一人称单数的动词词尾决定的，比如在 голубь — голубю 中就没有这样的交替，而在 приголубь — приголублю 中则有，因此这是形态交替。

但是什么引起了 [x] ‖ [ш] 的交替：сухой — сушь, глухой — глушь, тихий — тишь, ветхий — ветошь？语音位置与这种交替并无干系，因为在词末不可能出现这种交替：сух, глух, тих；而这种交替也同样不能由具体的词尾引起：[ш] 出现在所有的变格形式中：сушь, суши, сушью；真正决定这种交替的是名词的第三变格法。第一和第二变格法的名词词干末尾可以是 [x]：рубаха, муха, слониха, смех, мох, петух, 而第三变格法名词词干末的 [x] 则变成 [ш]。这里的位置是形态上的，所以这样的交替也是形态交替。这种交替包括所有的后舌音，它们在第三变格法名词词干末都变成嘘音，如：лгать — ложь, залегать — залежь, дрогнуть — дрожь, запрягать — упряжь, благой — блажь；изрекать — речь, горький — горечь, дикий — дичь, мелкий — мелочь, бестолковый — бестолочь 等。

语音交替和形态交替能形成一系列在位置上交替的音：1) г[о́]сти — г[аª]сте́й — г[ə]стево́й, го́рода — го́ро[т] — иногоро́[д']ний — горо[ц]ско́й; 2) шу[т] — шу[т']и́ть — шу[ч']у́; каза́[к] — каза[к']и́ — каза́[ц]кий — каза́[ч']ий. 不仅音与音之间可以发生交替，音和零位音，即音的缺位形式也可以交替：1) гига́н[т] — гига́н[-]ский (гигантский), стро́[и]ка — стро́[-]ит; 2) сыр[о́]к — сырка́, пирож[о́]к — пирожка́。

在一个语言系统中没有例外的随位交替被称作受位置制约的交替，例如：词末噪浊辅音和清辅音发生的语音交替 (гла[з]а́ — гла[с])，或在噪清辅音前发生的语音交替 (гла́[с]ки)，形容词后缀 -н- 前 [г] ‖ [ж] 发生的形态交替 (подру́[г]а — дру́[ж]ный)，或在第二变位法动词后缀前的交替：(дру[ж]у́, дру́[ж]ишь 等)。有例外的随位交替被称作特定位置的交替。例如，硬齿辅音在软齿辅音前发软音这种语音交替 (мо[с]т — мо́[с']тик) 不一定必然发生在下列位置：前缀和词根的交接处 (ра[с']теса́ть 和 ра[с]теса́ть)，词首 ([с']тена́ 和 [с]тена́)，以及硬辅音后 (шер[с']ть 和 шер[с]ть)；[о] 和 [а] 在动词后缀前会发生形态交替 -ива-/-ыва- (выхо́дит — выха́живает, сно́сит — сна́шивает, уло́вит — ула́вливает, отко́лет —

откáлывает 等），但也有例外的情况，如：тóпчет — притáптывает 和 притóптывает, хлопает — прихлóпывает 等。

除了位置上的交替，还有一些不受语音和形态制约的交替，如：подрý[г]а — дру[з']ья́, све[т] — осве[ш':]áть, зас[ó]хнуть — зас[ы]хáть — зас[у]ши́ть 等。这些交替属于非随位交替，它们仅仅发生在一些具体的词中。

受位置制约的语音交替是属于一个音位中各语音之间的交替。特定位置的语音交替可能是属于一个音位的语音交替，也可能是不同音位的交替。如果某些偏离随位交替的例外情况固定在一些个别的词中，并且对说话人来说已经形成习惯的话，这些交替也算是随位交替。例如：硬唇辅音前 [н'] ‖ [н] 的交替 (ко[н'] — кó[н]ный, Казá[н'] -казá[н]ский, испá[н']ец — испá[н]цы) 都有例外的情况，如：ию́[н'] — ию́[н']ский。显然，这是两个音位 /н'/‖ /н/ 之间的交替。如果随位交替的例外不是必然的和必须的，那么这些随位置交替的音就被看做是一个音位的不同体现。例如，软辅音后重读的 [а] 和非重读的 [и⁹] 之间的交替 (п['á]тый — п[и⁹]тáк, р['а]д—р['и⁹]ды, вз['а]л — вз[и⁹]лá), 尽管在 спекулятивный, ассимилятивный 这一类词的重读前音节中除了 [и⁹] 外，还能遇到读 ['а] 的情况，但重读的 [а] 和非重读的 [и⁹] 还是被看做是同一个音位 /а/。

形态交替和非随位交替被称作历史音位交替。

## 第四节　音位的中和

语音随位交替有两种类型：1）没有共同项的平行交替列；2）有共同项的交叉交替列。下面的图示就表示了位置 $P_1$ 和 $P_2$ 的两种交替类型。

例如，音位 /р/ 和 /л/ 形成了在不同位置上交替的音的平行列。

/р/ смот[р]ы — смот[р°]у —смот[р̭]

/л/ смыс[л]ы — слшс[л°]у —смыс[л̭]

音位 /p/ 由位置上交替的一列音 [p] ‖ [p°] ‖ [p̭] 体现，音位 /л/ 由 [л] ‖ [л°] ‖ [л̭] 这一系列音体现。这时在每一个位置上 /p/ 和 /л/ 都由不同的音体现，这两个音位在任何位置上都不相同。

音位 /б/ 和 /п/ 构成了交替音的交叉列：

/п/ стол[п]ы — стол[п°]у ⎫
⎬ стол[п]
/б/ стол[б]ы — стол[б°]у ⎭

音位 /б/ 由随位交替的一列音 [б] ‖ [б°] ‖ [п] 来体现，音位 /п/ 由 [п] ‖ [п°] ‖ [п] 这一列音体现。这两个在元音前相互区别音位，在词末却重合了，不再区别。

两个或几个音位在一定位置上的重合与一致被称为音位的中和。这些音位在中和的位置上由同一个音来体现。

元音中可以出现三个或四个音位的中和。例如：重读前第二个音节中的 /a/ — /o/ — /э/ 在硬辅音后就都重合成一个音 [ə]: ж[á]рко — ж[ə]ркова́то, ш[ó]пот — ш[ə]пото́к, ц[э]нтр — ц[ə]нтрово́й；除了末尾的开音节，在非重读音节中的 /a/ — /o/ — /э/ — /и/ 在软辅音后都重合成 [иᵊ]: вз['а]л — вз[иᵊ]ла́, н['о]с — н[иᵊ]сла́, стр['э]лы — стр[иᵊ]ла́ — с[и́]ла — с[иᵊ]ла́ч。辅音中可以出现更多数量的音位中和。

音位的中和必定和它们在同样的词素中的交替有关：在一些位置上不同词素中的音位相互区别，而在另一些位置上（哪怕只有一个这样的位置）这些音位在同样的词素中却不再区别，而是重合了。所以中和意味着取消了这些词素中音位的对立。

## 第五节　位置

音位位置是言语中音位使用和实现的条件。同一个音位在不同的位置上其语音面貌是不一样的。属于同一音位的语音在交替时受语音位置的制约。同一个位置往往既可以充当音位位置，也可以充当语音位置。

位置可以分为联音位置（即音位的位置在一定的音之前或之后）和结构位置（即音位的位置在词或音节的界限上，在重读或非重读音节上，在句子某个位置上）。举个联音位置的例子：音位 /л/ 通常在 [д]

前体现为非爆破音 [д̣]：на[д̣] домом，在 [н] 前通常体现为喉音 [д"]：на[д"] нами，在 [c] 前体现为擦音 [ц]：на[ц] садом，在词尾体现为 [т]：ого́ро[т]；这些条件也可以共同起作用，比方说，音位 /о/ 在重读音节中硬辅音后体现为音 [о]，软辅音后体现为 [·о]；在重音前第一个音节硬辅音后体现为 [аº]，软辅音后体现为 [иᵉ]；在重音前第二音节硬辅音后体现为 [ə]，软辅音后体现为 [иᵊ]；在秃首音节中体现为 [аº]。

结构位置可以由各种音位的不同位置来充当，这些音位包括句子中的音位、词（简单结构的词、复合词、复合缩写词、带一些前缀的词）中的音位、一些外来词以及绝对和相对的附着词中的音位，另外，结构位置还与语体、语速等有关。例如，句首音的特点是强度大，句末音节的特点是比较长。在复合结构的词、某些外来词和相对附着词中，可能会出现一些在非重读位置上不弱化的元音，比如：тр['о]хпалу́бный, д ['э]тдо́м, п[о]слеубо́рочный；б[о]а́, ан[э]стези́я；вд[о]ль у́лицы т['э] леса́, дья́к [о]н；不弱化也可能和言语的语体有关，例如：在中性语体中元音在非重读音节会发生弱化—в[иᵊ]но́к, п[аº]э́т, п[ə]эти́ческий，而在高级语体中就基本不弱化 — в['э]но́к, п[о]э́т, п[о]эти́ческий；音位组合 /сч'/, /зч'/ 在前置词和后面词的结合处且语速中等时它体现为 [ш'ч']，而如果语速加快则体现为 [ш':]，试比较：с чем — [ш'-ч']ем 和 [ш'-ш'] ем, без чего — бе[ш'-ч']его 和 бе[ш'-ш']его。

位置有强位和弱位之分。强位是指音位能最好地发挥自己功能的位置。而弱位是指音位实现自己功能受限的位置。音位有两大主要功能：感知功能和辨义功能。感知功能指能将相同的表意语言单位——词素和词归为同类。辨义功能是指能够区分不同的表义单位。由此分出两种位置类型：感知位置（强位和弱位）和辨义位置（强位和弱位）。

在感知强位音位表现的是它的基本语音面貌，体现音位的这个音对结构位置和联音位置的依赖程度最小，它基本不受位置的限制。在感知弱位音位由其他的音来体现，这些音与该位置紧密相关，是在结构位置和联音位置的作用下产生变化的结果。例如，在 чай, печь, печник 这三个词中音位 /ч'/ 体现为音 [ч']，这是它基本的代表音。这个音在词首和词末，在元音和响辅音前发的清音（和这个音的其他性质一样）是在这些位置上表现出来的特征，但并不受这些位置的制约。对于音位 /ч'/ 来说，这些位置是感知强位，而在浊噪辅音前的位置就是感知弱位了：在这个位置上浊音 [д͡ж'] 必然会代替清音 /ч'/：пе[д͡ж']бы затопить。音 [д͡ж'] 受这个位置的制约，只能在该位置上使用。如果把带有音 [ч'] 的单词录到磁带上，然后洗掉其他的录音，只留下 [ч'] 让人听的话，那么所有操俄语的人都能识别这个音。但如果把同样的过程用在音 [д͡ж'] 上，则许多人都听不出来，确定不了是在哪些单词里发这个音，或把它当成了其他的音：因为除了特定的位置外它不会出现在浊辅音前。

辨义强位是指在该位置上某个音位和别的音位相区别，也就是说，它是由特别的音来体现的。辨义弱位是指不区分音位的位置。在辨义弱位上，音位区分词和词素的可能性受限。

有两种类型的辨义弱位：一种是音位中和的位置，一种是没有音位对立的位置（主要是由于在这样的位置上某些音位不出现）。

例如，硬辅音后重读的音位 /o/ 和 /a/ 体现为音 [o] 和 [a]：б[o]к — б[a]к，这一位置对音位 /o/ 和 /a/ 来说是辨义强位。在重音前第一个音节中 /o/ — /a/ 不再区分，由同一个音 [aᵊ] 来体现：бочок 和 бачок — б[aᵊ]чóк，那么这一位置对音位 /o/ 和 /a/ 来说就是辨义弱位，是它们中和的位置。

词末对大多数软、硬对立的辅音来说是辨义强位，如：кро[ф] (кров) — кро[ф'] (кровь)，знакó[м] — знакó[м']，о[с] — о[с']，пустовá[т] — пустовá[т'] 等。但后舌辅音的情况就完全不同了，因为在词末只可能有硬辅音 [к], [х]，而不可能有软后舌音。因此对后舌音位来说，在软、硬对立方面这个位置是辨义弱位。这时词末没有 /к/ 和 /к'/，/г/ 和 /г'/，/х/ 和 /х'/ 这些音位中和成硬音 [к] 或 [х] 的情况，因为没有那样不同的词素，在这些词素中硬、软后舌音在同样的位置上能相互对立并在词末重合成硬后舌音。

同样的位置对一些音位来说是强位，对另一些音位来说是弱位。例如，词末对大多数软、硬对立的辅音来说是辨义强位，对清、浊对立的辅音来说是辨义弱位。试比较：пло/т/ 和 пло/т'/ 相区分，而 пло/т/ 和 пло/д/ 相重合，中和为 пло[т]。

感知和辨义的强位被称作绝对强位。在这个位置音位由它基本的代表音—显性音实现。音位的名称正是由这个音得来的：音位 /a/ 来自音 [a]，音位 /б'/ 来自音 [б']。在辨义强位但感知弱位上音位由它的各个变体来体现。例如，在 сон 这个词中音位 /c/ 由变体 [c°] 来体现，пять 这个词中音位 /a/ 由变体 [ä] 来体现。音位的变体是其显性音的语音同义词。在辨义弱位上音位由其变体体现。例如，在 нос 这个词中 [c] 是音位 /c/ 的变体，而在 мороз 这个词中则成了音位 /з/ 的变体。被中和的音位变体是独特的语音同音词。

所有体现音位的音（音位的显性音、平行变体和交叉变体）统称为音位变体或音品。

## 第六节　音位的区别性特征和音的整体性特征

音位是语言的最小单位，不能再分成更小的、渐次排列的成分。然而音位是很复杂的现象。它由一系列在音位外不能独立存在，而在音位内部共同存在的一些特征构成。

音位在辨义强位上相互区分。如果比较一下在这些位置上体现音位的一系列交替音组，可以发现，这些音组根据某些特征形成一个与其他音组（即音位）对立的统一体。如下所示：

/и/ - [и], [и'], [ы], [ы']　　　　/у/ - [у], [у'], ['у], [ÿ]
/э/ - [э], [э'], [э̣], [э̣'], ['э], [ə]　　/о/ - [о], [о'], ['о], [ö]
　　　　　　　　/а/ - [а], [а'], ['а], [ä]

对于这些音位的对立，有两个特征至关重要：发音时元音的舌位以及是否圆唇化。音位 /и/ 是高元音，没有圆唇化。这就意味着，所有体现音位 /и/ 的音在辨义强位上都是高元音，都非圆唇化。音位 /у/ 是高元音，圆唇化，/э/ 是中元音，非圆唇化，/о/ 是中元音，圆唇化。这些音位中的每一个音位都能由上述两个特征来确定（即和其他的音位区分开）。在辨义强位上确定音位的充要条件被称作这个音位的区别性特征。

并不是所有的音位都有数量相同的区别性特征。音位 /a/ 由一系列的音体现，它们的特征是低元音，非圆唇化。但 /a/ 凭借一个特征就可以和其他音位形成对立—即低元音。除了 /a/ 外，再没有其他的音位有这个特征。低元音这个特征对音位 /a/ 而言是区别性特征；非圆唇化特征对其而言是非区别性特征，是整体性特征。

整体性特征是体现音位的音的一些特征，这些特征不参与该音位和其他音位的对立。整体性特征是非独立的特征，它们是有限制的。高元音和中元音可以是圆唇化的和非圆唇化的，这时要选择这些音位的区别性特征。而低元音一定是非圆唇化的，这时就不存在选择。所以，整体性特征是受到区别性特征制约的特征。发元音时舌位的前后也是整体性特征，它受周围其他音的制约。例如，[a] 出现在前后没有软辅音的位置，[ä] 出现在软辅音之间；它们是舌位前后位置不同的音，但它们都体现同一个音位 /a/。元音之间舌位的高低（即三种基本舌位——高、中、低）也是整体性特征，亦即 [э] 和 [ӭ]，[o] 和 [ö]，[a] 和 [ä] 之间的区别。

整体性特征有两种类型。一类特征是对某些音位而言是整体性特征，而对其他音位则是区别性特征。整个音位系统都遵循这样一种规律。比如，许多辅音音位清、浊对立，这个特征对它们来说是区别性特征：/п/ — /б/，/ф/ — /в/，/т/ — /д/，/с/ — /з/ 等。这个区别性特征也是辅音音位这个子系统的特点。但一部分音位：/р/，/л/，/ц/ 等没有成对的清/浊音位，因此体现这些音位的音的清浊：[p] — [p̭]，[л] — [д]，[дз] — [ц]）就成了这些音特有的整体性特征（尽管这些特征不是相应的音位所特有的）。

整体性特征对于音位对立来说并不重要，但在其他方面很重要。在 сад 这个词中 [а] 这个音是不圆唇的。但不能因为这个特征只是音位 /a/ 的整体性特征，就可以将其任意替换。绝对不能把 сад 中的元音发成圆唇化的低元音，俄语中没有这样的音，说出来也没人能明白。同样的，在这个词中也不能把元音发成后元音或把辅音发成圆唇辅音。

要确定一个音位，必须指出它所有的区别性特征。要说明体现音位的音，同样必须指出它们所有的特征，其中包括整体性特征。

根据音位的区别性特征的数量，能确定音位的配价。例如，音位 /а/ 是一价的，其区别特征只有一个：低舌位；音位 /и/ 是二价的：高舌位和非圆唇；音位 /н/ 是三价：齿音、鼻音、硬音；音位 /т/ 是四价：齿音、爆破音、清音、硬音；音位 /з/ 是五价：齿音、擦音、中缝音、浊音、硬音。

## 第七节　对立

音位能以各种形式相互对立。特鲁别茨科伊（Н. С. Трубецкой）据此区分出了不同的音位对立类型。

1）一维对立和多维对立

一维对立仅见于两个音位间的对立，两个音位拥有共同的区别性特征，且根据一个特征相对立。比如，只有 /и/ 和 /у/ 这两个音位有高舌位这个共同的区别性特征，并以圆唇／非圆唇相对立；只有 /т/ 和 /д/ 的共同区别性特征是齿音、爆破音、硬音，并以清／浊相对立；只有 /т/ 和 /т'/ 的共同区别性特征是齿音、爆破音、清音，并以硬／软相对立；只有 /м/ 和 /н/ 的共同区别性特征是鼻音、硬音，并以唇音／齿音相对立。在多维对立中共同的区别性特征为大多数音位所有。例如，/п/, /т/, /к/ 都有爆破音、清音、硬音这些共同的区别性特征，这三个音位根据发音部位对立。

2）对应对立和孤立对立

根据对立项之间的关系在其他对立中重复的可能性，可以区分出对应对立和孤立对立。对应对立中各项间的关系在其他某个对立或一系列对立中都能找到。例如，/п/ — /б/ 的对立就是能找到对应的对立，因为这两个音位根据清／浊形成的对立许多其他的音位都有。/с/ — /ш/ 的对立是对应对立，因为这两个音位根据齿音／前颚音形成对立在音位 /з/ — /ж/ 中也能找到对应。每一个对应对立和音位间有同样关系的其他对立一起，可以表达为一种对应关系公式：/п/: /б/ = /т/: /д/ = /с/: /з/ = /ш/: /ж/ = /к/: /г/，/с/: /ш/ = /з/: /ж/。而 /р/ — /ж/ 之间的对立是孤立对立，因为这两个音位间的对立特征在其他的音位对立中找不到对应。

3）缺位对立和等位对立

根据对立的音位在语言中所起的作用是否等同，可以区分出缺位对立和等位对立。

缺位对立中的各音位是不平等的：其中一个音位是有标记音位，另一个是无标记音位。对立中有标记音位的特点是具有该对立中音位得以对立的特征，无标记音位的特点是没有这个特征。如：/y/ — /и/, /o/ — /э/ 中圆唇音位和非圆唇音位的对立就是缺位对立，其中 /y/ 和 /o/ 是有标记音位，而 /и/ 和 /э/ 是无标记音位。

所有的缺位对立都可以分为两种：具有或没有构成对立的音位得以对立的特征。有标记音位具有该特征，而无标记音位则没有此特征。

缺位对立可以中和。我们举例来说明这一点。比如，俄语标准语中音位 /т/ 和 /д/ 可以中和成音 [т] 和 [д]：жилé[т]а — сосé[д]а, жилé[т]ка — со-сé[т]ка, жилé[д] был — сосé[д] был, жилé[т] — сосé[т]。这些中和的对立不是等值的。在词内部时，清辅音 [т] 或浊辅音 [д] 在部分位置受其后的清辅音或浊噪音的制约。这时音位代表的质量和随后那个音的质量有关。这就是外在于辅音音位系统的制约性。而在词末时（发 [т]），音位代表的质量只受制于辅音音位系统本身的特点。这样的位置指出了对立的无标记音位。因此，在 /т/ — /д/ 的对立中，/т/ 是无标记音位，而 /д/ 是有标记音位。

等位对立中两个音位是平等的。例如，/т/ — /п/, /т/ — /с/ 的对立。

所有的缺位对立、一维对立、对应对立的特点都具有同样的特征，音位就根据这些特征对立，从而构成某种关联。例如：浊音关联是指根据清音 / 浊音（浊音 / 非浊音）的对立：/п/ — /б/, /ф/ — /в/, /с/ — /з/, /т/ — /д/, /ш/ — /ж/, /к/ — /г/ 等；软化关联是指根据硬音 / 软音（软音 / 非软音）的对立：/п/ — /п'/, /б/ — /б'/, /ф/ — /ф'/, /в/ — /в'/, /м/ — /м'/ 等。

## 第八节　超音位

有时为了弄清某个词素中处于弱位的音属于哪个音位，需要改变词形或是另选一个带同一词素的词，以使这个词中的弱位变成强位。例如，非重读的 [аᵃ] 在词 д[аᵃ]мá 中是音位 /o/ 的变体。这是我们在把它变化成 д[о]м（或 д[ó]мик）后知道的。зу[п] 这个词中的音 [п] 是音位 /б/ 的变体，因为我们知道它的另外两个同根词：зу́[б]ы, зу[б]нóй。

在某些词素中进行这样的验证很简单：强位中的音位在很多不同的词和词形中都能遇到。但有时找到强位却不那么容易，例如，有许多抽象名词都带有后缀 -ость-：бо́дрость, ве́жливость, за́нятость, ме́стность, отчётность, сло́жность 等。几乎在所有这些词中后缀都是非重读的，发 -[ə]сть。只有一个词 злость 提示这个后缀中的强位是 /o/。反身动词尾缀 -ся 也很常见，通常也是非重读的，发 [ə]：бо́йся, мы́лся, стро́имся, встреча́ться 等。指向音位 /a/ 的只有以下几个动词的阳性过去时 начался́, заперся́, отперся́ 和其他某些动词的陈旧变化形式 взялся́, облился́, расплылся́, сбылся́, удался́, 而更常见的发音形式是 взя́лся, обли́лся, расплы́лся, сбы́лся, уда́лся 等。

用强位来检验弱位的方法对某些词素来说则完全不可能。例如，соба́ка, собаково́д 这两个词中词根的第一个元音 [aˢ] ‖ [ə] 在任何单词根词中都不重读。这两个随位交替的音只能是音位 /o/ 和 /a/ 的代表，但究竟是它们中的哪一个，却难以确定。这种情况下出现的是超音位 /a|o/：с/a|o/ба́ка, с/a|o/баково́д。再比如在 здесь [з'д'эс'] 这个词中音 [з'] 可以代表音位 /с/, /с'/, /з/, /з'/, 而音 [с'] 可以代表音位 /с'/, /з'/, 这样，根本无从知晓是哪个具体的音位，所以音位标记法只能这样标注该词：/(с|с'|з|з')д'э(с'|з')/。

有时通过检验能限定在辨义弱位上中和的音位的范围，但并不能确定这些音位中唯一可能的那个音位。例如，ле́бедь 这个词中重读后的元音 [иᵊ] 可能属于四个音位— /и/, /э/, /o/, /a/, 检验的词有两个：леб['о́]дка 和 леб['а́]жий, 但它们中任何一个都没有优势，因此这个词的音位标记只能是：/л'еб'(о|а)д'/。

一般情况下超音位都有若干音位来表示，但有时它会用零音位表示。例如，元音后 [и] ([иᵊ]) 前的音位 /j/ 就由零音实现：вой -[вои] — /вoj/, воя [во́иэ] /вoja/, воем [во́иᵊм] /вojом/。所有这些形式的词根中都包含音位 /j/, 其中它在最后一个形式中就由零音代表。这个音位在词根中由强位决定（即不在 [и] ([иᵊ]) 前）。在 герои́зм 中词根音位 /o/ 和后缀音位 /и/ 中有词根音位 /j/, 它由带这一词根的词 геро́й 来检验, 在 геро́й 中音位 /j/ 由音 [и] 代表。在带同样后缀的词 прозаи́зм 中, /a/ 和 /и/ 之间是零音位, 试比较：про́за; 在词 архаи́зм 中 /a/ 和 /и/ 之间的位置不能通过这一词根中的强位来检验 (архаиза́ция, арха́ика, архаи́ческий, архаи́чный 都不行），因此不能判定音位 / j / 有还是没有。所以，这时出现的是超音位 / j|∅/。

大多数情况下弱位由同一个词素内交替语音的强位来检验。但有时弱位可以由不同语体中变体音的强位来检验。例如，поэ́т, поэти́ческий 中词根的第一个元音 [аᵊ] 和 [ə] 不重读。如果只考虑中性语体的话，那么这里应该是超音位 /о|а/。但在崇高语体中这两个词只能发 п[о]эт, п[о]эти́ческий，这说明这个词根中的音位是 /о/，而不是超音位 /о|а/。

有些情况下必须考虑两种类型的检验方法。例如，软变化形容词阳性单数一格词尾 -ий 发 [иᵊ] (си́н[иᵊ]ий, горя́ч[иᵊ]й)。软变化形容词词尾不重读，应该可以认为这里是超音位 /и|э|о|а/。但在软变体和硬变体中，也就是说在词干末的硬、软辅音后，形容词词尾的音位组成是一样的。硬变化形容词非重读的词尾 -ый 一般发 [ə] (ста́р[ə]й, по́лн[ə]й)，这个音在这个位置上可能和四个音位相符合：/и/, /э/, /о/, /а/。但这个词尾的非重读元音可以用强位来检验。检验是双重的。一重是用重读元音检验：молод[о́]й, больш[о́]й，它提示为音位 /о/。另一重检验是用带音 [ыᵊ] 的这个非重读词尾的发音变体来检验 (ста́р[ыᵊ]й, по́лн[ыᵊ]й)，它可能只是音位 /и/ 的代表。带 [ə] 和 [ыᵊ] 的这个非重读词尾的变体取决于句子位置和言语语体。在句子强位，例如，句重音在语段或句末的形容词上，通常发 [ыᵊ](Он был совсем не ста́рый)。在句子弱位，通常发 [ə] (Ста́рый дом на пло́щади почти́ развали́лся)。公文语体中这个词尾通常发 [ыᵊ]，口语中发 [ə]。这样的话，这个词尾中 [ə] 可以和音位 /и/ 和 /о/ 发生关系，两个检验都是可以的。因此在词干硬、软辅音后这个词尾中出现的是超音位 /и|о/。

由此我们可以看出，超音位是表示某些词素音位组成的功能单位，在某些情况下，词素中的某个语音可以不跟一个音位而跟一类音位相联系，当我们无法确定某个位置上的音代表的是哪个音位时，我们就用在该位置上所有可能的音位来表示，这样的音位就是超音位。

## 第九节　语音单位的组合法和聚合法

语言学家们对"组合法"和"聚合法"这两个术语有不同的阐释。

我们主要采用潘诺夫的解释。

组合法规定了语言单位在语言系统中组合的规则。这些组合有三类，第一类现实存在于语言中，体现在具体的词中。第二类组合不用词表示，在该语言的词中不出现，但不排除有出现的可能性，而且和第一类组合不相矛盾。出现第二类组合的新词并不意味着出现了新的组合规则。第三类组合不仅在语言中不存在，而且它们也没有出现的可能，因为它们和构成第一类组合的规则相矛盾。

例如，俄语中 [св] 的组合在许多词中都有体现：свой, посватать, дресва 等。[пв] 的组合在任何俄语词中都没有体现，但它和规则并不抵触，根据规则，[в] 前可以出现清辅音：除了 [св]，还可以 о[тв]а́р, [шв]ы, ты́[кв]а 等。从组合的角度看，俄语中没有 [пв] 这样的组合是词汇的偶然性使然。而 [вс] 的组合在俄语中根本不可能出现，因为它和清辅音前不能出现噪浊辅音的规则相抵触。

组合法规定了在词内部和词与词结合处起作用的语音组合原则。例如：组合 [св] 也可存在于词与词的接合处，如 но[с в]о́лка；组合 [пв] 虽然不能出现在词内部，但可以出现在词与词的接合处，如：зу[п в]ы́рвали，而组合 [вс] 在词与词的接合处也不可能出现。

词内部的一些组合只能出现在词素内部或只能出现在词素的接合处。例如，在前缀和词根的接合处可以出现 [ш'ч'] 和 [ш'ш']: бе[ш'ч']у́вственный 和 бе[ш'ш']у́вственный, и[ш'ч']исле́ние 和 и[ш'ш']исле́ние, ра[ш'ч']ёска 和 ра[ш'ш']ёска; 而在词根和后缀内部只可能出现 [ш'ш']: [ш'ш']а́стье, ра[ш'ш']ёт, по[ш'ш']ади́ть, даю́[ш'ш']ий; 在前缀和词根的接合处只可能出现硬辅音组合 [жж]: бе[жж]и́зненный, ра[жж]ева́ть, [жж]има́ть; 而在词根内部除了 [жж] 外还可以出现 [ж'ж']: ви[жж]а́ть 和 ви[ж'ж']а́ть, дро́[жж] 和 дрд[ж'ж']и, по[жж]е 和 по[ж'ж']е。

在词内部 [р] 前不能出现软唇辅音、齿中缝音、[р'] 和后舌音。但这一原则不适用于词的接合处，在词的接合处 [р] 前可以是软唇辅音和前舌音，如：вы[п' р]а́нена, пра[ф' р]улём, се[м' р]аз, пя[т' р]убле́й, бро[с' р]або́ту, ко[н' р]ыса́к, две[р' р]аскры́та。上述的软辅音和 [р] 的组合也可以出现在语音词内部——前附词和重音词的接合处，例如：

скво[с′ р]а́ну, бли[с′ р]учья́, хо[т′ р]а́з 等，这些例子中的第一个词通常不重读。

因此，组合规则适用于具有共同特征的一类音。确定这样的规则不需要这一位置上该类别所有的音都在具体的词中有体现。换言之，组合规则适用于该类别的所有音，尽管不是所有的音都体现在实际的组合中。组合规则有不同的范围：有的只适用于词根内部，有的适用于词内部某类词素的接合处，有的适用于词内部但不取决于这些位置，有的则适用于语音流的任一片断。

音与音之间（包括与词首和词末缺省音之间）的组合规则就是允许或不允许在某个位置使用某类音的规则。例如：[р] 前可以出现 [п], [б], [ф], [в], [м], [т], [д], [с], [з], [н], [р], [к], [г], [х]，不能出现 [п′], [б′], [ф′], [в′], [м′], [т′], [д′], [с′], [з′], [н′], [р′], [к′], [г′] [х′]；在词末可以出现 [к], [х]，不能出现 [к′], [х′]。在一个位置上使用不同的音说明了这一位置上相应音位的对立。该位置上不出现一些音说明了音位的中和或者相应的音位在此位置上很少使用。因此可以说，语音的组合规则和音位的辨义功能紧密相关。

分析某个位置上使用或不使用的音的类别，可以发现该类别所有音的共同特点，可以找出该类别音的共同语音特征。分析同一位置上音位的对立可以发现这些音位相互区别的方式，换言之，即发现音位的区别性特征。

所以我们说，组合法揭示了语音单位相互连接和相互对立的一些特征。而特征是组合法的基本要素，揭示特征的主要方法是分析一个位置上的语音单位并确定它们的各种对立。

聚合法研究的是语言单位在不同位置上展现自我的方法。语音聚合法确立语音单位交替的原则。在不同位置上交替的单位构成了更高一级单位的聚合。随位交替的音表示的是同一个音位。例如，音位 /o/ 在硬辅音后重读时由音 [o] 来代表，在重读前第一个音节，由 [аᵃ] 代表，在其他非重读音节中由 [ə] 代表：б[o]к — б[аᵃ]ка́ — б[ə]ково́й, на́ б[ə]к。

随位交替的音在功能上都一样：帮助我们发现相同的词素，在上述例子中这个词素就是词根 /бок/。音的聚合规律和音位的感知功能、认同功能相关。

　　如果单独研究交替音中的每一个音，那么可以发现，它们代表相应音位的可能性是不一样的。例如，[o] 重读时（如在词形 бок 中）毫无疑问代表音位 /o/；[aº] 在重音前第一个音节（如在词形 бока́ 中）可能代表音位 /o/ 和 /a/，但不代表 /и/，/э/，/y/；[ə] 在重音前第二个音节（如在词 боково́й 中）可能代表音位 /o/，/a/，/э/，在口语中还可以代表音位 /и/，但不代表 /y/。但是要证明这些词和词形中的词根 /бок/ 是同一的，那就不能孤立地依靠每一个元音，而是靠整个随位交替的音列 [o] ‖ [aº] ‖ [ə]。正是整个音列，而非其中的每一个单个的音指出了词根 /бок/ 中是同一个音位 /o/。从功能的观点看随位交替的音 [o]、[aº] 和 [ə] 是等同的，因为它们都是同一个音位的代表。

　　体现同一音位的随位交替音可能有相似之处，即可能具有共同的语音特征，但也可能彼此毫无相似之处。例如，硬辅音后代表音位 /o/ 的 [o] 和 [ə] 的共同特征是舌位居中（高、中、低），[aº] 和 [ə] 的共同特征是舌位居中（前、中、后）和非圆唇，但 [o] 和 [aº] 之间却没有任何共同特征：它们在舌位的前后、高低和圆唇/非圆唇上都有区别。软辅音后的音位 /o/ 由重读的 [o] 和非重读的 [иᵉ] 代表：[н'о]с — [н'иᵉ]сла́，вы́[н'иᵉ]с，[o] 和 [иᵉ] 之间也没有任何相似之处，它们所有的特征都不同。因此音位作为聚合单位时，其特点不是具有某些特征，而与之相应的随位交替音在聚合上也没有什么特征。

## 第十节　音位的功能负荷

　　语言中的每一个音位都可以从它使用的角度来评价，从这一角度能看出音位在不同词素（前缀、后缀，词尾、词根）中是否常用，以及音位在每组词素中出现的频率。

　　另一个角度是每个音位在语流中的频率。大量语篇分析表明，俄语中出现频率最高的元音是音位 /o/ 和 /и/，其后依次是 /a/，/э/，/y/。辅音音位中塞辅音比擦辅音更常出现，噪辅音比响辅音更常出现，硬辅音比清辅音更常出现。响辅音根据频率递减依次是：/н/ — /j/ — /p/ — /м/ —

/л/。塞擦音 /ч'/ 比 /ц/ 出现频率高。最常出现的辅音音位是 /н/ 和 /j/，最少出现的是 /ф/，/ф'/。

对音位频率的分析主要依据它们在不同位置上是否常用。例如，在重读音节中 /a/ 比 /o/ 更常出现，而在非重读音节中 /o/ 比 /a/ 要更常出现；/к'/，/г'/，/х'/ 通常出现在 /и/ 和 /э/ 前，个别情况下出现在其他辅音前，一般不出现在词末，而其他软音位则通常出现在 /a/, /o/, /y/ 的前面和词末。

每一个音位在语言中的使用率被称作音位的功能负荷，它表现为具体的统计数据。

音位的功能负荷有时指音位在相互间仅以一个音位相区分的词中的参与程度，例如：/пар/ — /бар/, /т'эло/ — /д'эло/, /соска/ — /сошка/, /в'ин/ — /в'эн/ 等。当这样理解时，音位的功能负荷取决于音位作为区分性单位参与的对立词的数量。

## 第十一节　音位系统

任何系统都是由相互联系和相互制约的元素组成。音位的相互联系和相互制约性在系统中表现为它们的区别性特征及中和能力。

音位在系统中处于相互间的各种关系中，它们的相近程度取决于一系列条件。

1）两个音位间共同的区别性特征越多，不同的区别性特征越少，它们就越相近。例如：音位 /c/ 和 /б'/ 之间共同的区别性特征只有一个——辅音音位，音位 /c/ 和 /п'/ 之间共同的区别性特征有两个——辅音音位，清辅音；/c/ 和 /п/ 之间的共同区别性特征有三个——辅音音位，清辅音，硬辅音；/c/ 和 /т/ 之间的共同区别性特征有四个——辅音音位，清辅音，硬辅音，齿音，而它们之间相异的区别性特征只有一个——成音方式不同，/c/ 是擦辅音，/т/ 是爆破辅音。所以，音位 /c/ 和 /т/ 之间是最相近的。

2）音位 /y/ — /o/ 以高舌位 / 中舌位相对立，而 /o/ — /a/ 以中舌位 / 低舌位对立。音位 /o/ 和 /a/ 间只有一个共同的区别性特征：元音音位，而音位 /y/ 和 /o/ 之间有两个：元音音位，圆唇，但 /o/ 和 /a/ 比 /y/ 和 /o/ 更相近，因为 /o/ 和 /a/ 会发生中和，而 /y/ 和 /o/ 不中和。发生中和的音位是系统中最相近的音位。

3）影响音位之间关系的还有整体化特征。例如：/ц/ 和 /ч'/ 之间的联系不如其他大多数以硬 / 软成对的音位联系紧密，这是因为体现音位 /ц/ 和 /ч'/ 的音 [ц] 和 [ч'] 的区别不仅在于音的硬软，而且成音位置也不一样。

4）书写对现代俄语也具有重要意义。音位是语言的抽象单位，它体现为口语的音和书面语的字母。尽管音位的这两种体现并不完全对应，但它们互相关联。在书写上用同一个字母表示的一对音位，它们之间的联系要比由不同字母表示的音位更紧密。例如：/л/ 和 /л'/ 的联系比 /ц/ 和 /ч'/ 之间的联系更紧密，因为 /л/ 和 /л'/ 由共同的字母 л 表达 (пола — поля́)，而 /ц/ 和 /ч'/ 由不同的字母表达 (цела́ — чела́)。

系统中的音位可以下分成子系统。例如：有元音音位子系统和辅音音位子系统。

## 第十二节　　音位学流派

音位学是关于音位的学说，是语言学的一个分支，主要研究语音的功能意蕴。音位学于 19 世纪 70 年代发端于俄罗斯，其创始人是在俄国工作的波兰学者博杜恩·德·库尔德内（И.А. Бодуэн де Куртенэ）。他长期在俄国喀山大学任教，是喀山语言学派的奠基人。1870 年博杜恩在《十四世纪以前的古波兰语》一书中提出了语音具有生理物理和交际功能上的双重性质。1881 年在《斯拉夫语言的"比较语法"的几个分支》一书中，他从词素出发研究其中的各种语音交替，首先提出了音位这一概念，把音位看成是"概括的语音类型""词素的可变动的组成部分"。

博杜恩之后，他的学生谢尔巴（Л.В. Щерба）继承并发展了他的后期理论，另外一个叫做雅科夫列夫的学者发展了博杜恩早期的观点。在这两个人发展的音位理论基础上，自 20 世纪 20 年代以来，在苏联语言学界逐渐形成了两大音位学派：以谢尔巴本人及其学生津德尔（Л. Р. Зиндер）、马图谢维奇（М. И. Матусевич）、格沃兹捷夫（А. Н. Гвоздев）等人为代表的，以列宁格勒大学为阵地的列宁格勒音位学派（ЛФШ—Ленинградская фонологическая школа），和以阿瓦涅索夫（Р. И. Аванесов）、库兹涅佐夫（П. С. Кузнецов）、列福尔马茨基（А. А. Реформатский）、希多罗夫（В. Н. Сидоров）等人为代表的，以莫斯科大学为阵地的莫斯科音位学派（МФШ—Московская фонологическая школа）。

20 世纪 50 年代中期，莫斯科音位学派的主将之一阿瓦涅索夫在全面分析总结了两大派理论的优缺点之后提出了自己的新理论。有人视之为莫派理论的新发展、新阶段、新观点，也有的莫派代表人物发表文章不同意阿氏的新理论。本书将阿氏的理论视为俄罗斯语言学中的第三种音位理论。

## 1. 列宁格勒学派的音位理论

列宁格勒学派的音位理论在其奠基人谢尔巴的主要著作《俄语元音的质和量》（1912）和《法语语音学》（1937）中已有明确阐述。

谢尔巴指出："在活的言语中存在着为数相当多的音素，这些音素在该语言中结合成为为数不多的、能够区别词和词形的语音类型。通常我们所说某一种语言中的音时，实际指的就是这些音型。我们把这些音型称为音位。音位代表了属于同一音型的各个具体发出的音的共性，而这些具体发出的音则是体现了共性的个性，我们把它们称为音位的音品。一个音位的各个音品之中有一个是最典型的音品，称为"基品"。

谢尔巴强调音位具有区别意义的功能。列宁格勒学派从功能观点出发，比较出现在相同位置上具有区别作用的音，确定一种语言的音位组成（有多少个音位，有哪些音位）。例如通过俄语中 [дом] – [том], [дом – дам], [том – тон] 这些不同的词的语音对比，可以确定 [д] 和 [т], [о] 和 [а], [м] 和 [н] 是俄语中不同的音位。

谢尔巴提出音位体现共性，音品体现个性。每个音位的各个音品虽然个性各不相同，但是差异之外还包含有共性。这个共性就是音位具有的确定的自然特征。一个音位不论出现在什么位置上，体现为哪一个音品，都可以根据这些特征识别出来。在任何位置上，不同的音位都不会发生混淆。例如俄语的 [тот] 一词，为首的辅音 [т] 属于音位 /т/，它具有齿音、塞音、硬音、清音这些自然特征。末尾的辅音 [т] 也具有这些特征，因此它和词首的辅音 [т] 同属于一个音位 /т/。

由于俄语词的末尾清浊辅音不对立，只能出现清辅音，不能出现浊辅音，因此，在词末尾的位置上，清、浊辅音起不到区别意义的作用。列宁格勒派把词末尾的 [т] 和元音前的 [т] 看成是一个音位，其根据已经不是功能上的相同，而是自然特征上的近似。

又如在 вода́ 和 водово́з 两个词的发音 [ва°да́] 和 [вəда°во́з] 中，元音 [а°] 和 [ə] 应该属于哪个音位呢？列派认为属于音位 /a/，因为在完全体式的发音（即慢速清晰的发音）中，上面两个词发成 [вада́] 和 [вадаво́з]。

在重音下硬辅音后相互对立的元音一共有五个：[а]、[о]、[э]、[ы]、[у]。在非重读音节中 [а]、[о] 都不能出现，出现的是 [а°]（重音前第一音节）和 [ə]（其他音节）。这时相互对立的元音只有四个，减少了一个。这就是说，在重读音节中元音的区别功能最大，而在非重读音节中元音的区别功能要小一些。列派根据完全体式的发音把元音 [а°] 和 [ə] 都归属音位 /a/。由此可见，列派对不同位置上出现的功能不相等的音是一视同仁，同等对待的。

由于列派确定语言的音位组成时重视语音的自然特征，因此他们把俄语中的元音 [и] 和 [ы] 看成是两个不同的音位，后舌音中的硬辅音 [г]、[к]、[х] 和相应的软辅音 [г']、[к']、[х'] 也分别视为不同的音位。

### 2. 莫斯科学派的音位理论

莫斯科派理论在 20 世纪 20 年代末开始出现，沿着雅科夫列夫开辟的道路，继续发展博杜恩早期著作中反映出来的音位观点。莫派的基本观点最早是在阿瓦涅索夫和希多罗夫合著的《俄语标准语语法概论》（1947）一书中有了比较全面的论述。书中把作为区别词的独立语音差别叫做音位，把不独立的语音差别叫做音位的变体。

例如在 [мал]、[мол]、[мыл]、[мул] 四个词中，元音出现在完全相同的环境中：硬辅音 [м] 之后和硬辅音 [л] 之前，重音下。显然，这四个不同的词完全是靠不同元音之间的差别来体现的。这里，元音的差别是独立的（不依赖于位置的），因此四个元音是不同的音位。然而在 [мат](мат)、[м'ат](мят)、[ма́т'](мать)、[м'ӓт'](мять) 四个词中，元音 [а]、

[˙a]、[ a˙]、[ ä] 也是不相同的，但是它们的差别是音位位置的不同造成的，换言之，其差别是受位置制约的，而不是独立的。这四个词在读音上的区别是由于元音受到词首和词末尾不同辅音的影响，而不是由于元音本身有什么差别。不同的元音是同一个音位的变体。

一个音位在不同的位置上可以体现为各个不同的变体。各种不同的位置对音位变体的制约是大小不等的。对音位变体制约最小的位置称为强位，其他的位置称为弱位。例如对俄语元音来说，重音下不在软辅音之间的位置是强位。在强位上元音的发音受位置的制约最小，和在孤立单独出现的发音一样，是音位的典型代表，叫做音位的基体。为了方便，也常把它叫做音位。

莫派从词素出发，认为组成一个词素的音位应该是固定不变的（历史语音交替除外）。一个词素在构词或构形过程中语音形式发生变化时，组成词素的音位仍旧不变，但体现为不同的变体。可见莫派的音位变体不仅包括了列派理论中的音品，而且包括了这一理论中在一定位置上发生的音位交替，例如非重读音节中音位 /o/ 变成音位 /a/，在词末浊辅音音位变成相应的清辅音音位。

莫派把音位变体分为两种类型：一种叫平行变体（вариация），另一种叫相交变体（вариант）。

平行变体指音位基体由于位置制约而出现的各音位之间互相平行、不发生重合的变体。音位的平行变体在区别功能上与音位的基体相同，即仍具有与其他音位相区别的功能。例如 [c' ät'](сядь) 中的 [ä]，[c˙áду](сяду) 中的 [˙a] 和 [cat](сад) 中的 [a]，三个元音在发音上都有所不同，但是其他的音位在相同位置上也发生平行的变化。例如 [тот] 中的元音 [o]，[т'откə](тётка) 中的元音 [˙o] 和 [т'öт'ə] 中的元音 [ö]；[лук] 中的元音 [у]，[л'ут](люд) 中的元音 [˙у] 和 [л'ÿд'и] 中的元音 [ÿ]。不论在什么位置上，各音位之间的区别依然存在。

相交变体指不同的音位在一定的位置上出现的彼此不平行、发生互相重合的变体。相交变体有两种情况：

1. 一个音位的变体和另一个音位的基体在音质上互相重合。例如俄语词末尾浊辅音变成相应的清辅音后，луг 和 лук 两个词的发音一样，

都是 [лук]。辅音 [к] 就是音位 /г/ 和 /к/ 在词末尾的相交变体,它和音位 /к/ 的基体在音质上是相同的。

2. 两个音位的相交变体和任何一个音位的基体都不相同。例如俄语元音音位 /o/ 和 /a/ 在硬辅音后重音前第一音节都体现为 [aᵒ],在其他音节体现为 [ə]。[драᵒва́](дрова) 和 [траᵒва́](трава) 两个词中重音前第一音节的元音都是 [aᵒ],它是音位 /o/ 和 /a/ 的相交变体。前一个词中它体现的是音位 /o/,后一个词中体现的是音位 /a/;试比较两个词的复数第二格形式 [дроф](дров) 和 траф(трав)。由这两个词构成的派生词 дровяной 和 травяной 中,音位 /o/ 和 /a/ 在重音前第二音节都体现为 [ə],它就是两个音位在这个位置上的相交变体。

音位的这两种相交变体可以图示如下:

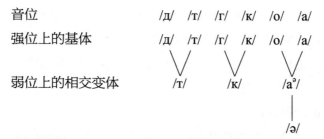

有些词中出现相交变体找不出和它们相应的基体。例如 [баᵒра́н] 和 [саᵒба́кə] 中的元音 [aᵒ],无论在词的各种变化形式或是在同族词中,都不能使 [aᵒ] 所在的位置从弱位变为强位,因此找不出它的基体,决定不了它究竟是音位 /o/ 还是音位 /a/ 的变体。莫派认为这种相交变体肯定是两个音位 /o/ 和 /a/ 其中之一的变体,但又无法肯定它究竟是 /o/ 的变体还是 /a/ 的变体。莫派把这种相交变体所体现的音位称为"超音位"(гиперфонема)。

莫派从词素出发分析音位,把词素和音位有机地联系起来,词素的同一性决定音位变体的范围。按这种观点,音位成了词素内部以强位上的一个音位为首的各种语音随位交替的系列(包括平行的和相交的交替)。一个音位不仅有平行变体,而且还有相交变体。这样,不仅一个音位可以体现为不同的音,而且一个音也可以体现不同的音位。例如辅音 [к] 在词末既可以体现音位 /г/,也可以体现音位 /к/;元音 [aᵒ] 和 [ə]

既可以体现音位 /o/，也可以体现音位 /a/。

关于俄语的音位组成，莫派从功能的观点出发，把元音 [и] 和 [ы] 合并为一个音位 /и/。这个音位有两个变体：[и] 出现在词首和软辅音后，[ы] 出现在硬辅音后。只有极个别的情况下 [ы] 可以出现在词首（ыкать, ыканье, ыйсон 等），莫派认为在分析俄语音位体系时这些特殊情况可以不考虑在内。

此外，莫派还把后舌音中的硬辅音 [г]、[к]、[х] 和相应的软辅音 [г']、[к']、[х'] 分别归并为一个音位 /г/、/к/、/х/。这些音位的硬音变体出现在元音 [а]、[о]、[у] 之前，软音变体出现在元音 [э]、[и] 之前。只有一个例外，在动词 ткать 的变位形式 ткёшь, ткёт, ткёте 中，[к'] 出现在元音 [о] 之前。还有一些外来词，其中软辅音 [г']、[к']、[х'] 也出现在元音 [а]、[о]、[у] 之前。对于这些少数例外情况，莫派在分析音位体系时同样也不在考虑之列。

### 3. 阿瓦涅索夫的音位理论

20 世纪 50 年代中期，莫斯科音位学派的主要代表之一阿瓦涅索夫进一步发展并修改了莫派的音位观点，提出了一种区分强弱两种不同音位的新理论。他的新理论在其所著《现代俄语标准语语音学》（1956）一书中得到详尽的阐述。

阿氏指出，能够区别词和词素的语音外壳的最小语音单位就是音位。他强调说，只能谈音位的区别功能，不能谈区别意义的功能。因为音位本身不具有意义，甚至它本身不直接同意义联系，而只能区别语言中有意义的单位——词和词素的语音外壳。

阿瓦涅索夫认为，列宁格勒派理论的优点是每个音位都有自己确定的发音和音响特征，而其缺点在于：1）忽视了强位和弱位上的语音在功能上的差别；2）把语音体系同语言的整个结构，同语法和词汇割裂开了。他认为莫派理论的优点在于彻底地贯彻了功能观点，把音位同词素紧密地统一起来，把语音体系同语法和词汇有机地联系在一起；而莫派的缺点是音位概念没有明确的界线，平行变体还具有确定的共同发音音响特征，但是把相交变体也包括到音位变体之内，这就使音位失掉了确定的发音音响特征。莫派的另一缺点是把相交变体和平行变体等量齐观，都看成是不具有区别功能的变体。这就没有充分揭示出事物的本质。实际上相交变体也是具有区别功能的，只不过较之强位上的音位要差一些而已。

阿瓦涅索夫在分析和总结了列派和莫派理论的优缺点之后，提出了自己的新理论。新理论区别了两种功能不同的音位：强音位（сильная фонема）和弱音位（слабая фонема）。

强音位和弱音位与从音位出现的位置中区分出来的强位和弱位是不同的概念，虽然其间有着密切关系。在新理论中音位的强弱位置和莫派原来的区分稍有不同。按照新理论，音位区别功能最大的位置是强位，其他的位置都是弱位。强位上出现的是强音位，弱位上出现的是弱音位。

阿瓦涅索夫指出，强位上音位的区别功能最大，区分出来的音位数量最多，这种音位称为强音位；弱位上音位的区别功能要小些，区分出来的音位数量也少，这种音位叫做弱音位。新理论的强音位相当于莫派理论中的音位基体和平行变体，而弱音位则相当于相交变体。

他还指出，不论强音位还是弱音位都可以有自己的变体。例如在 [таэну́] 和 [т'и°ну́] 两个词形中存在着弱音位的两个变体 [а°] 和 [и°]：[а°] 出现在硬辅音后，[и°] 出现在软辅音后。

一个弱音位总是相当于两个或更多的强音位。例如硬辅音后重音下的两个强音位 /o/ 和 /a/，在重音前第一音节中被弱音位 [а°] 代替。这种情况下可以说一个弱音位是两个强音位的代替者。试比较：[сом] 和 [сам] 的第二格形式都是 [са°ма́]。[са°ма́] 中的弱音位 [а°] 代替了 [сом] 中的元音 [o] 和 [сам] 中的元音 [a]。而元音前清、浊成对的强音位在词末被一个体现为清音的弱音位代替。

强弱音位的区别功能不同还表现在：强音位不仅区别词形，也区别词素。在 [рок] 这个词形中前两个音位是强音位，它们可以区别 [нок]、[сок]、[ток] 以及 [рак]、[рык]、[рук] 等词形，同时也区别了词素。而 [рок]、中最后一个音位是弱音位，它只能把 [рок]、[рос]、[рот]、[рош] 这些词形区别开来，但却区别不了词素 [рок] 和 [рог]。

阿瓦涅索夫认为，由于一个弱音位总是两个或更多的强音位的代替者，所以不能把强弱音位等同起来，不能一视同仁；在语音体系中弱音位只能处于从属地位，在计算一种语言的音位数目时只能考虑强音位，一种语言的音位组成指包括强音位。

新理论的另一个特点是提出了音位列的概念。阿氏认为，在 [во́ду]—[ваᵃда́]—[вᵊдаᵃво́з] 中互相交替的元音音位组成音位列：/o/—/aə/—/ə/；在 [ваᵃда́]—[вот](вод)—[ваᵃд'е́] 中相互交替的强、弱辅音音位组成音位列：/д/—/т₁/—/д'₂/（/т₁/ 是清、浊不对立的弱音位，/д'₂/ 是软、硬不对立的弱音位）虽然构成一个词素的音位不是固定的，词素中的音位可以和别的音位发生交替，但互相交替的音位都一定属于同一音位列。因此可以说构成词素的音位列是固定不变的。音位列是词素的同一性标志，是把音位和词素联结起来的纽带。

阿瓦涅索夫的新理论提出之后，赞成者有之，反对者也有之。莫派代表人物之一的列福尔马茨基指责阿瓦涅索夫站到了哲学上多元论的立场上，而列派的代表人物津德尔很重视音位列的概念。他指出，同一词素在不同的词形中，其音位构成可以是不同的，音位的对立往往区别不了出现在各种不同位置上的词素，尤其是在俄语这样具有词尾浊辅音清化规则的语言中，需要有一种比音位更大的语音单位，这种单位阿瓦涅索夫称为音位列。音位列不同于音位，音位是构成词形的最小语音单位，而音位列能确定词素构成中的最小语音单位。津德尔不承认阿氏的强弱音位的概念，但他却认为可以通过音位列把语音同语法联系起来。

三种音位理论在苏联时期保持鼎立局面。这反映在苏联 1960—1970 年代出版的高校教材中。1962 年莫大出版的《现代俄语》，其中语音部分由阿瓦涅索夫的高足戈尔什科娃撰写，体现了阿氏的新理论。1976 年莫斯科出版的《现代俄语·语音学》，有列派代表人物之一马图谢维奇撰写，仍遵从谢尔巴的基本观点。莫斯科高教出版社 1979 年出版的《现代俄语·语音学》，有莫派新一代的代表人物潘诺夫撰写，书中坚持莫派的早期观点。

应该指出，阿氏新理论在当今俄罗斯占有明显优势，1980 年出版的科学院语法，其中语音部分已基本上按阿瓦涅索夫的新理论撰写，2003 年莫斯科大学出版的《当代俄语语音学》也以阿氏理论为主。

# 第六章　语音交替

## 第一节　元音的语音交替

元音的语音交替是由两个基本要素决定的：1）相邻的辅音，2）元音与重音的距离。

相邻的辅音对元音语音交替的影响——重读元音

1. 对元音产生实质性影响的是相邻的软辅音，它们会使元音的发音动作靠前并朝上。如果把单词 час 的发音录在录音带上，然后把它慢放出来，就很容易发现，其中的元音在整个发声过程中是有差别的。它的某些发音片断可以作如下标记：[и-э-а-а-а-а]，我们看到元音在发音开始部分是朝前朝上的，这是受其前面软辅音 [ч'] 的影响所致。如果把刚才的词换为 мать，那么我们会得到另外一个结果：元音在发音结束的部分是朝前朝上的 — [а-а-а-а-э-и]，这是受其后软辅音 [т'] 影响的结果。另外我们还可以发现，在这两个词的发音片断中，发音开始部分中的 [и] 要比发音结束部分里的 [и] 强烈而明显，也就是说，元音前面的软辅音对它的影响要大于其后软辅音对它的影响。在音标中元音在开始阶段和结束阶段的变化用小点表示，如：[ч'ас]，[ма·т]。在两个软辅音之间还可以观察到元音在发音中段时的朝前和朝上，如 [ч'äс']ть；软辅音对其他元音的影响也是如此。就连发音动作最高和最上的元音 [и] 也毫不例外，它仍受到相邻软辅音施加的朝上朝前的影响：[ива] – [и́·в'и]（ива – иве）。

在硬辅音之后前元音 [и]，[э] 在发声动作上有向后的趋势：[и] 被央元音 [ы] 取代，[э] 被靠后的音 [ə] 取代。比如：[и́]гры – [сы́]гран，[э́]ра – [в- ə́]ру。

重读元音语音交替的规律可见下表（其中 С 代表硬辅音，С' 代表软辅音，Г 代表元音，# 代表没有音）：

| 音位 \ 位置 | 1 | 2 | 3 | 4 | 5 | 6 |
|---|---|---|---|---|---|---|
|  | #ГС<br>ГГС | СГС<br>СГ# | #ГС'<br>ГГС' | СГС' | СГС'<br>СГ# | С'ГС' |
| /a/ | а | а | а· | ·а | ·а | ä |

续表

| 音位 \ 位置 | 1<br>#ГС<br>ГГС | 2<br>СГС<br>СГ# | 3<br>#ГС'<br>ГГС' | 4<br>СГС' | 5<br>С'ГС<br>С'Г# | 6<br>С'ГС' |
|---|---|---|---|---|---|---|
| /о/ | о | о | о˙ | ˙о˙ | ˙о | ö |
| /у/ | у | у | у˙ | ˙у˙ | ˙у | ÿ |
| /э/ | э | э̣ | э˙ | э̣˙ | ˙э | ӭ |
| /и/ | и | ы | и˙ | ы˙ | и | и˙ |

下面我们再以具体的例子进行说明（括号中的数字 1、2、3、4、5、6 表示上图中的位置）：

/а/: (1) [а́]нна (Анна), за [а́]нну — (2) с [а́]нной — (3) [а́]ня, за [а́]ню — (4) с [а́]ней; (2) дрож[а́]л, дрож[а́] — (4) дрож[а́]ть — (5) крич[а́]л, крич[а́] — (6) крич[ä]ть；

/о/: (1) [о́]ба, на [о́]ба — (2) в [о́]ба — (3) [о́]бе, на [о́]бе — (4) в [о́]бе; (2) сел[о́] — (5) плеч[о́]; (5) зач[о́]т — (6) на зач[ö]те；

/у/: (1) [у́]дочка, вы[у́]живать — (2) с [у́]дочкой — (3) [у́]дит, на[у́]дит — (4) от[у́]дит, (2) крик[у́]н — (4) крик[у́]нья — (5) молч[ÿ]н — (6) молч[ÿ]нья; (2) нес[у́] — (4) нес[у́]сь — (5) круч[у́] — (6) круч[ÿ]сь；

/э/: (1) [э́]тот, на [э́]тот — (2) с [э̣]того — (3) [э́]ти, на [э́]ти — (4) с [э̣] тих; (2) на лиц[э̣] — (5) на рук[э́]; (5) т[э́]ло — (6) в т[ӭ]ле；

/и/: (1) [и́]ва, на [и́]ву — (2) под [ы]вой — (3) [и́]ве, на [и́]ве — (4) к [ы́]ве; (2) нож[ы́] — (5) врач[и́]; (2) сторож[ы́]л — (4) сторож[ы́]ли — (5) нос[и́]л — (6) нос[и́]ли.

由上图我们可以看出，重读元音的语音交替有六个平行的位置列，每一个位置都有五个不同的元音。因此可以说这些位置都是辨义上的强位，但它们在听觉上是有区别的。

位置 1（在词首或者元音后硬辅音前）对于所有元音来说都是听觉上的强位，位置 2（硬辅音之后）对于 /а/, /о/, /у/ 是强位，对于 /и/,/э/ 则是弱位，位置 5、6（软辅音之后）对于 /и/,/э/ 是听觉强位，对于 /а/,

/o/, /y/ 则是弱位。

音位 /a/, /o/, /y/ 都有四种不同的交替音。当它们在位置 1 和 2 时，受到相邻辅音的影响最小，所以位置 1、2 是它们的听觉强位。位置 3、4 对于 /a/, /o/, /y/ 的影响是同等的，比如 о́сь, полуо́сь, лось 这几个词中的 о 都发同一个音 [о́]。

对音位 /и/ 来说，听觉上的强位是位置 1、5，这是因为其前面无论是元音还是软辅音抑或没有音，对它的影响都不大，它都发 [и] 音。但如果其前面是硬辅音，则 [и] 被 [ы] 音取代，试比较：[и́]гры, н[аи́]гранный, взя́[т' и́]гры, [сы́]гран.

对音位 /э/ 来说，处于位置 1、5 的音是不同的，但这种差别非常小，甚至可以忽略不计。试比较：[э́]то 和 л["э́]то.

2. 对元音产生影响的还有相邻的鼻辅音：与鼻辅音相接的那部分元音会被鼻音化，而位于两个鼻辅音之间的元音甚至会变成鼻音，比如：[на̃м], г[но̃м], ка[ну̃н], [м'и̃м]о́за 等。这样一来，在同一个词素中就可能出现鼻元音与非鼻元音的交替：дуб [у] ручья́ — дом [ỹ] мо́ря, расска́з [аᵊ] до́чери— рома́н [ã ᵊ] ма́тери, узо́р [ə]симметри́чный—зако́н [ə̃]мора́льный, прое́кт [ə]суше́ния — план [ə̃]моложе́ния, бага́ж [у]везти́ — чемода́н [ỹ]нести́, ма́сл[иᵊ]ный (масляный) — гли́н[и̃ᵊ]ный (гляняный), возмущ['о́]нный — замутн['о̃]нный.

诚然，别的辅音对相邻的元音也会产生影响，但这些影响并不显著。

**相邻的辅音对元音语音交替的影响——非重读元音**

非重读元音与重读元音有量与质的区别。量方面的区别是：非重读元音一般比重读元音读得短而轻。质方面的区别在于音色的差异。所以重读元音又称为全元音，非重读元音称为弱化元音。

非重读元音会因为离重音的远近以及在音节中的位置而各不相同。波捷布尼亚（А.А.Потебня）提出一个用数字单位评价重读和非重读音节的公式，假设重读元音的力量值为 3，重音前第一音节的元音的力量值为 2，其他非重读音节中元音的力量为 1，那么一个词中各元音的力量值就可以用数字形象表示如下：беспоря́док [б'иᵊспаᵊр'а́дэк] — 1-2-3-1; переподгото́вка [п'иᵊр'иᵊпəдгаᵊто́фкə] — 1-1-1-2-3-1, вы́нужденный [вы́нужд'и⁼ны⁼и̯] — 3-1-1-1.

此外，非重读元音的力度还和所处音节的位置有关。凸首音节和重音前一音节在力量上是一样的：атаковать [аᵊтэкаᵊват'] — 2-1-2-3; наоборот [нэаᵊбаᵊро́т] — 1-2-2-3; аист [аи⁼ст] — 3-2; 重音后词末开音节的力量值不固定，有时为 1，有时为 2，例如：[ша́пкэ] — 3-1 和 [ша́пкаᵊ] — 3-2. 当非重读元音的力量值评定为 2 时，说明它是一级弱化，当力量值评定为 1 时，说明是二级弱化。

重读元音和非重读元音的语音交替如下表所示：

| 音位 | 在重读音节 | | | 在非重读音节 | | | | |
| --- | --- | --- | --- | --- | --- | --- | --- | --- |
| | | | | | 在硬辅音之后 | | 在软辅音之后 | |
| | 在凸首音节 | 在硬辅音之后 | 在软辅音之后 | 在凸首音节 | 一级弱化 | 二级弱化 | 除词末开音节的所有音节 | 词末开音节 |
| | 1 | 2 | 3 | 4 | 5 | 6 | 7 | 8 |
| /у/ | у | у | ˙у | у | у | у | у˙ | ˙у |
| /и/ | и | ы | и | иᵊ | ыᵊ | ыᵊ | иᵊ | иᵊ |
| /э/ | э | э̣ | ˙э | иᵊ | ыᵊ | э | иᵊ | иᵊ |
| /о/ | о | о | ˙о | аᵊ | аᵊ | э | иᵊ | ᵊэ |
| /а/ | а | а | ˙а | аᵊ | аᵊ | э | иᵊ | ˙э |

在上表中没有涉及元音后的软辅音的影响，它表现为元音发音结束阶段向前向上的动作，在音标中用字母右上方的一个小点表示。

/у/

(1) [у̇˙] чит, на[у̇˙]чит —(2) от[у̇˙]чен — (4) [у̇˙]чить, [у̇˙]чени́к, на[у̇˙]чить, вы[у̇˙]чить — (5) от[у̇˙]чить — (6) от[у̇˙]ченика; (2) п[у]ск — (5) п[у]ска́ть — (6) п[у]сково́й, вы́п[у]ск; (3) ч[у̇˙]до —(7) ч[у̇˙]да́к, ч[у̇˙]даки́; (2) нес[у́] — (3) крич[у́] —(6)краш[у]—(8) пря́ч[у];

/и/

(1) [и́]гры, на[и́]гранный — (2) с[ы́]гран — (4) [иᵊ]гра́, [иᵊ]гроки́, на[иᵊ]гра́ть, на[иᵊ]гры́ш — (5) с[ыᵊ]гра́ть — (6) с [ыᵊ]гроко́м; (2) — с[ы́]пать — (5) выс[ы́]пать — (6) выс[ыᵊ]пать; (2) ш[ы́]рь —(5) ш[ы́]рокий — (6) ш[ыᵊ]рота́; (2) беж[ы́]т—(3) сид[и́]т —(6) слы́ш[ыᵊ]т — (7) хо́д[иᵊ]т; (3) любв[и́] — (8) о́був[иᵊ];

/э/

(1)[э́]тика — (4) [иᵊ]ти́ческий, [иᵊ]тике́т; (1) по[э́]т — (4) по[иᵊ]-ти́ческий; (2) мод[ э̣ ]ль— (5) мод[ыᵊ]лье́р— (6) мод[ə]лиро́вка; (2) т[э̣]ннис — (6) т[ə]ннисист; (2) ш[э́]сть — (5) ш[ыᵊ]сти́—(6) ш[ə]-стьдеся́т; (2) скреж[э́]щет — (5) скреж[ыᵊ]та́ть — (6) скрёж[ə]т; (3) д["э́]ло— (7) д[иᵊ]ла́, д[иᵊ]лово́й, вы́д[иᵊ]лка; (2) лж[э]ц—(3) му́др["э́]ц—(5) лж[ыᵊ]ца́ (6) землепа́ш[ə]ц—(7)мудр[иᵊ]ца́, ста́р[иᵊ]ц; (3) сте́н["э́] — (8) ва́нн[иᵊ];

/о/

(1) [о́]браз— (2) без[о́]бразный— (4) [аᵊ]бра́зчик, [аᵊ]бразова́ние, пре[аᵊ]бразова́ть — (5) без[аᵊ]бра́зный — (6)из[ə]брази́ть; (2) д[о]м — (5) д[аᵊ]ма́ — (6) д[ə]мово́й, на́ д[ə]м; (2) канц[о́]на — (5) канц[аᵊ]не́тта; (3) т["о́]мный — (7) т[иᵊ]мно́, т[иᵊ]мнота́, зат[иᵊ]мно́; (2) дуб[о]вый— (3) парч[о́]вый— (5) бок[аᵊ]во́й — (6) газ[ə]вый — (7) тен[иᵊ]во́й, сире́н[иᵊ]-вый; (3) бель[j ·о́] — (8)по́л["ə];

/а/

(1) [а́]дрес, за [а́]дресом — (2) от [а́]дреса — (4) [аᵊ]дресова́ть, пере[аᵊ]дресо́вка — (6) от [ə]дреса́та; (2) с[а]д — (5) с[аᵊ]ды́ — (6) с[ə]дово́д, выс[ə]дить; (2) ш[а]р— (5) ш[аᵊ]ры́ — (6) ш[ə]рово́й; (2) ж[а́]ть — (6) вы́ж[ə]ть; (3) п["а́]тый — (7) п[иᵊ]та́к, п[иᵊ]тачо́к, на п[иᵊ]ть; (2) чуж[а́]к — (3) земл["а́]к — (5) чуж[аᵊ]ка́ —(7) земл[иᵊ]ка́ (3) кон["а́] — (8) о́кун["ə].

在某些位置和某些词缀中存在元音的变体发音,这在后面的正读法规则中会讲到。

## 第二节　辅音的语音交替

浊辅音和清辅音的语音交替

1. 浊噪辅音在词末且停顿之前被清化，如：ду[б]ы́ — ду[п], дро[б']и — дро[п'], дро[в]а́ — дро[ф], кро[в']и — кро[ф'], но[г]а́ — но[к], ста[д]о — ста[т], бу́[д']ешь — бу[т'](будь), ко[ж]а — ко[ш], ро́[з]а — ро[с], ма[з']и — ма́[с'] (мазь), до[ж':]и́ — до[ш']；在没有停顿的情况下，如果下一个词的词首是元音、响辅音和 [в]（其后是元音或响辅音）时，浊噪辅音同样被清化。如：вя[с] упал (вяз), дру[к] мой (друг), гри[п] валу́й (гриб), во[с] внизу́ (воз) 等。

2. 俄语中不可能有清浊不同的噪辅音组合的情况，但 [в], [в'] 之前的清辅音是个例外。

浊辅音在清辅音之前时被清化，这样就出现了清辅音的组合，例如：ска́[з]очка — ска́[с]ка (сказка), ло́[ж]ечка — ло́[ш]ка (ложка), о[б]руби́ть — о[п]теса́ть, по[д]но́с — по[т]по́рка, колдо[в]а́ть — колдо[ф]ско́й, гото́[в']ите — гото́[ф']те 等。

清辅音在浊辅音之前时被浊化，这样就出现了浊辅音的组合，例如：про[с']и́ть — про́[з']ба, моло[т']и́ть — моло[д']ба́, та[к]о́й — та[г]же, [с]мыть — [з]дуть, о[т]рази́ть — о[д]грузи́ть, ал[ч']ный — ал[д'ж']ба́ (алчба), свер[х]уро́чный — свер[ɣ]звуково́й；这一规律还表现在没有停顿的两个词的结合处：[к] мо́рю — [г] до́му；о[т] отца́ — о[д] бра́та；отне[с]ла́ — отнё[з] бы；чере[б] большо́й (череп), шка[в] закры́ли (шкаф)；мо[ɣ] зелёный (мох)。

清辅音在 [в] 前也可能被浊化，即当 [в] 后跟着一个浊辅音时，例如：[з] вдово́й（试比较：[с] врачо́м, [с] ва́ми); о[д] взгля́дов（试比较：о[т] вла́сти, о[т] воро́т); [г] вздо́хам（试比较：[к] вну́ку, [к] вы́бору); ва[ж] взор（试比较：ва[ш] врач, ва[ш] во́зраст)。

3. 响辅音在词末和清辅音之前时可以有条件地被清辅音或半清辅音替代。在词末的响辅音如果其前是清辅音则发清音，如：смот[р̥]

вих [р̥'] , смыс [л̥] , воп [л̥'] , рит [м̥] , пес [н̥']等；在词首的响辅音如果其前是清辅音它也发清音，如：[р̥] туть, [л̥'] стить, [м̥] стить, [м̥] ха；在上述位置上响辅音也可能不被清化，但它们会发展为一个成音节音，如：шиф [р̣] , мыс [л̣'] , [р̣] та, [м̣] ча́ться 等。另外当响辅音在词中间并在清辅音之前时也有可能被清化，如：заде́[рш̥]ка (задержка), мо[рш̥] (морж), по[р̥т], по[л̥с] (полз), те[м̥п] , ба [н̥к]。

### 硬辅音和软辅音的语音交替

某些硬辅音在某些软辅音之前要发生软化。比如，在词内部通常是硬齿辅音在软齿辅音之前时发生软化：ли[ст] —ли́[с'т']ья, мя́[с]о — мя́[с'н']ик, е[зд]а́ —е́[з'д']ишь, гла[з]а́ — гла[з'н']ик, цве[т]ы́ — цве[т'н']ик, о[тр]ы́вок—о[т'т']ёнок, ро[дн]о́й —ро[д'н']е́е, по[дб]о́рка — по[д'д']ёлка. [н] 在 [ч'] 和 [ш'] 之前时通常被软化，如：щелку́[н] — щелку́[н'ч']ик, ви[нт] — зави́[н'ч']ивать, баке́[н] — баке́[н'ш']ик, вой на́ — вое́[н'ш']ина 等。需要指出的是，这都是一些随位的语音交替，常常会有例外的情况，这一点在"正读法"一节还要详细涉及。

### 长辅音与短辅音的语音交替

长辅音在音标中体现为音位的组合：ка́[с:]а — ка/сс/а, лу́[н:]ая — лу/нн/ая, во́[ш:]ик — во/з'ч'/ик, по́[ж:]е — по/зж/е 等。长辅音一般位于词首元音之前或元音之间，当然，在前缀和词根结合处的长辅音也可能位于辅音之前，如：во[з:]ва́ние, ра[ш:]выря́ть, о[тт]руби́ть 等。

在一些位置上长辅音会发短音，被相应的短辅音取代：

1）在词末，如：ва́[н:]а — ва[н] (ванн), ма́[с:]а. — ма[с] (масс), су́[м:]а — су[м] (сумм). пла[ш':]и́ — пла[ш'];

2）与辅音相邻时，如：програ́[м:]а — програ́[м]ный (программный), ру́[с]кий (русский), францу́[с]кий (французский), мо́[ш':]и — мо́[ш']ный (мощный) 以及 ма[ш]та́б (масштаб) 等。在某些情况下这一规律还反映在书写当中，比如：колонна – колонка, оперетта – оперетка, финны – финка, финский 等。

3) 在两个元音之间（当重音从双辅音前面的元音移至其后时），如：програ́[м:]а — програ[м'и́]ровать (программировать), прогре́[с:]а

— прогре[с']и́вный (прогрессивный), либре́[тт]о—либре[т']и́ст (либреттист), Маро́[кк]о—маро[к]а́нский (марокканский), свяще́[н:]ый — пресы́ще[н]ый (пресыщенный) 等。当然这种交替并非必然，具体情况在正读法中还要涉及。

**辅音与零位音的交替**

1. [т], [д] ([т'], [д']) 在齿辅音 [с] — [ц] 和 [н] — [ц] 之间不发音，例如：крес[т]а́ — крес[-]ца́ (крестца), ис[т']е́ц — ис[-]ца́ (истца), уз[д]а́ — под уз[-]цы́ (под уздцы); тала́н[т']ец — тала́н[-]ца (талантца), докуме́н[т']ец — докуме́н[-]ца (документца), голла́н[д']ец — голла́н[-]цы, шотла́н[д']ец — шотла́н[-]цы 等。

[д]([д']) 在 [р] — [ц], [р] — [ч'] 之间也不发音，例如：сер[д']е́чный -сер[-]це (сердце), сер[-]чи́шко (сердчишко), сер[д']и́ться — осер[-]ча́ть (осерчать)。还有 [л] 在 [нц] 之前也不发音：со́[л]нечный — со́[-]нце (солнце)。

2. 音位 /с/, /з/ 在长音 [ш':] 前不发音，例如：[с] несча́стным —[-][ш':]асли́-вым (с счастливым), ра[с]толка́ть—ра[-]щепи́ть (расщепить), и[з] отве́рстия — и[-] ще́ли, чере[з] доро́гу — чере[-] щебёнку。这一规则源于俄语中不允许发三倍长音，由于 /с/, /з/ 在 [ш':] 前会发 [ш'] 音，再加上 [ш':] 就成三倍长音了，所以规定 /с/, /з/ 在 [ш':] 前时不发音。

3. 音位 /j/ 在元音后、[и] 和 [иᵊ] 之前时不发音。例如：мои́ /мojи/ — [маᵊи́], роем /роjом/ — [ро́иᵊм] 等。

# 第七章　俄语音位体系

## 第一节　元音音位的组成

关于俄语元音音位的组成，一直以来存在着争议。对于 /и/, /э/, /о/, /а/, /у/ 这五个音大家是没有异议的，因为它们出现在大量词汇的强位上。争论的焦点集中在 [ы] 上。

列宁格勒语音学派认为 [ы] 是独立的音位，因为 [ы] 虽然不能随便出现在词首，但俄语中确有少量以 ы 为首的词，比如 ыкать, ыканье。还有一些转写其他语言中地名的词，如朝鲜地名 Ыйсон，Ый-Чжу，Ымсон，哈萨克地名 Ынталы 等等。

但许多语言学家，包括莫斯科语音学派的语言学家都认为，在俄语标准语中元音的音位只有五个，即 [и],[э],[о], [а], [у]。他们的观点如下：以 Ы 开头的地名不是俄语的固有词，不能根据这些词来讨论俄语的发音体系。至于 ыкать, ыканье 的情况，可以用下面的方法解决。

俄语标准语中可以分出几个语音子系统：通用词汇子系统、非通用词汇子系统、复合结构词子系统、感叹词子系统、虚词子系统。每一个子系统都有自己的语音规则。例如，在通用词汇子系统中 [о] 只出现在重读音节中，在非重读音节中则由 [аᵒ],[ə] 来代替：г[о]д—г[аᵒ] да́—г[ə] довóй。但是在别的语音子系统中 [о] 有可能出现在非重读的音节中，如非通用词 боа [боа]、感叹词 о-хо-хо! [охохо́]、连接词 то то—т[о] я, т[о] он 等。

像 ыкать, ыканье 这样称名字母的词属于术语，而术语有自己的发音子系统。比如 фонема 一词可以发成 [о] 不弱化的形式：[фонэ́маᵒ]，这种发音形式在非通用词的子系统中是允许的，而术语恰恰属于非通用词子系统的范畴。但这种发音规则也只限于该语音子系统，不能扩展到其他子系统。

基于以上解决方案我们认为，俄语中存在音位 [ы]，但它只存在于非通用词汇的语音子系统中，而通用词汇的语音子系统中仍然只有五个元音音位：[и],[э],[о], [а], [у]。

## 第二节　辅音音位的组成

在辅音音位的组成问题上俄罗斯语言学界历来存在分歧。谢尔巴认为俄语辅音音位是 35 个，莫斯科语音学派只分出 34 个，而格沃兹杰夫（Гвоздев Я.Н.）主张分出 37 个辅音音位。1980 年的《俄语语法》根据阿瓦涅索夫的音位新理论也分出了 37 个辅音音位。实际上对大部分音位的划分大家是一致的，我们可以毫不困难地分出 32 个辅音音位：/п/ — /п'/ — /б/ — /б'/ — /ф/ — /ф'/ — /в/ — /в'/ — /м/ — /м'/ — /т/ — /т'/ — /д/ — /д'/ — /с/ — /с'/ — /з/ — /з'/ — /ц/ — /н/ — /н'/ — /л/ — /л'/ — /р/ — /р'/ — /ш/ — /ж/ — /ч'/ — /j/ — /к/ — /г/ — /х/。分歧主要围绕以下几个音位。

1) 辅音 [к'], [г'], [х']。这几个音一般不出现在非前元音之前，因此莫斯科语音学派认为 [к'], [г'], [х'] 只是音位 [г],[к], [х] 在前元音前的变体，是受前元音的影响而软化的，不能称为独立的音位。而列宁格勒音位学派认为，[к'], [г'], [х'] 在非前元音前的俄语词虽然极少，但这些少数词，如 ткать 的变位形式：т[к'о]шь, т[к'о]т, т[к'о]м, т[к'о]те，就足以证明俄语拥有这样的音位手段。正因为如此，俄语才能利用这样的音位手段来吸引外语词或外来人名地名。如 бракёр, ликёр, Гюго, Гёте, Кяхта 等。所以我们认为，[к'], [г'], [х'] 是独立的音位。

2) 辅音 [ш':] 和辅音 [ж':]。辅音 [ш':] 同其他辅音音位一样，能独立出现在元音音位之前，具有辨义功能，试比较：[ш':от](счёт) – [сот](сот) –[кот](кот)。因此莫斯科音位学派认为它是独立的音位。但列宁格勒学派认为它只是音位 [ш] 的长、软变体。辅音 [ж':] 出现在少数词里，如дро́[ж'ж'], е[ж'ж']у 等，所以有观点倾向认为它是单独的音位。但从语音发展的历史变化来看，现代俄语中这个音正在被其硬音形式 [ж:] 所取代。而且目前较为权威的观点认为，辅音 [ш':] 和 [ж':] 不是单独的音位，而是音位的组合。比如 [ш':] 是音位 [с]/[с']/[з]/[з'] 和 [ч'] 相组合的结果，[ж':] 是音位 [с]/[з]/[ш]/[ж] 和 [ж] 相组合的结果。所以我们不把辅音 [ш':]和辅音 [ж':] 视为独立的音位。

3）辅音 [γ]。在俄语标准语的音位描写中一般会指出，在辅音音位的子系统里有一个后舌浊辅音音位 [г]，而与之相近的另一个后舌浊辅音 [γ] 是否也是一个独立的音位呢？

在 18—19 世纪的时候，元音前面发 [γ] 音的情况在很多单词中都有。到 20 世纪初这样的词已经所剩无几。[γ] 渐渐被 [г] 所取代。在现代俄罗斯标准语中，在元音前发 [γ] 的情况只出现在一个常用词 бухгалтер[буγалт'и³р] 中，再有就是感叹词 ага, ого 中。[γ] 与 [г] 通用的情况常见于以下词中：бухгалтерский, бухгалтерия, господи, ей-богу。所以，在现代俄罗斯标准语中 [γ] 作为一个音位其作用已经很小，正处于消失的边缘。鉴于目前该音位尚未完全消失，所以有必要将其归入辅音音位组成之中。

这样，在现代俄罗斯标准语中就有 36 个辅音音位：

/п/ — /п'/ — /б/ — /б'/ — /ф/ — /ф'/ — /в/ — /в'/ — /м/ — /м'/ —/т/ -——/т'/— /д/ — /д'/ — /с/ — /с'/ — /з/ — /з'/ — /ц/ — /н/ — /н'/ — /л/ — /л'/ — /р/ — /р'/ — /ш/ — /ж/ — /ч'/ —/j/ — /к/ — /г/ — /х/ —[к'] —[г']—[х']—[γ]。

## 第三节　元音音位子系统

| 音位<br>非重读音节位置 | /у/ | /и/ | /э/ | /о/ | /а/ |
|---|---|---|---|---|---|
| 1. ГГ, #Г | [у] | [и³] | | | [а³] |
| 2. СГ（在重读音节前一音节） | [у] | [ы³] | | | [а³] |
| 3. СГ# | [у] | [и³] | | [ə] | |
| 4. СГ,（重读音节前一音节除外） | [у] | [ы³] | [ə] | | |
| 5. СГ,（СГ# 的情形除外） | [у] | | [и³] | | |

如上表所示，元音在非重读音节的位置有五种情形：1—在秃首音节，2—在重读音节前一音节，位于硬辅音之后，3—在词末开音节，位于软辅音之后，4—位于重读音节前一音节除外的所有音节，在硬辅音之后，5—位于除词末开音节的所有音节，在软辅音之后。

当元音在具有辨义功能的强位时可以区分出五个元音音位，在1-4的位置时可以区分出三个音位，而在位置5时只能区分出两个音位。从上表我们可以看出，音位 [у] 在所有的位置都不弱化，而 [и],[э],[o],[a] 在非重读音节中的区别性特征降低，它们根据位置的不同会在其关联变体音之间摇摆：/и-э/, /о-а/, /э-о-а/, /и-э-о-а/。

在位置1-3与音位 /у/ 相对应的是 /и-а/ 和 /о-а/ 的关联变体音，在位置4相对应的音有 /у/、/и/ 和 /э-о-а/ 的关联变体音。这些音位根据舌位高低和是否圆唇两个特征相互对立，它们的具体区分标志是：/у/ 舌位高，圆唇，/и/ 和 /и-э/ 舌位高，非圆唇，/о-а/ 和 /э-о-а/ 非高舌位。在位置5有两个音位相对立：/у/ 和 /и-э-о-а/ 的关联变体音，它们之间的区别性特征是：前者圆唇，后者非圆唇。

通过对这些音位的比较可以得出如下结论：

1）同一区别性特征在不同的情况下具有不同的内涵。在具有辨义功能的重读位置上，音位 /и/ 和 /у/ 的区别性特征是"舌位高"，在非重读位置1-4的情况下，音位 /у/ 和处于位置4的音位 /и/ 的区别性特征同样是"舌位高"。但是"舌位高"这一区别性特征在重读和非重读的位置上具有不同的内涵。在重读位置上与高元音 /и/, /у/ 相对立的是舌位居中的中元音 /э/, /o/ 和舌位较低的低元音 /a/；在非重读位置1-4与音位 /и/, /у/ 相对立的却是非高舌位的关联变体音。这样，"舌位高"这一区别性特征对于重读位置上的音位来说，其内涵要比在非重读位置上音位的内涵要窄。

2）有时候不同位置上的音位和关联变体音的区别性特征可能重合，比如处于位置4的音位 /и/ 和处于位置1-3的关联变体音 /и-э/，它们的区别性特征只有两个，而且都是舌位高，非圆唇。

3）同一音位在不同的情况下可能具有完全相反的区别特征，比如音位 /o/ 在重读位置上是圆唇音，而在关联变体音 /и-э-о-а/ 中却具有非圆唇的特征。

| 第四节 | 辅音音位子系统 |

辅音音位子系统的区别性特征有：成音的位置及方法，清/浊和软/硬。对所有的辅音音位来说，响/噪不构成音位的区别性特征。

一. 俄语辅音根据清/浊和软/硬的对立可以划分出两组基本音位：

/п/—/б/　　/ф/—/в/　　/т/—/д/　　/с/—/з/　　/к/—/г/　　/х/—/γ/
　|　　　　　|　　　　　|　　　　　|　　　　　|　　　　　|
/п'/—/б'/　/ф'/—/в'/　/т'/—/д'/　/с'/—/з'/　/к'/—/г'/　/х'/


/м/　/л/　/н/　/р/　/ц/
　|　　|　　|　　|　　|　　　/ш/ — /ж/　　/j/
/м'/ /л'/ /н'/ /р'/ /ч'/


根据清浊来划分，24 个辅音音位由 12 对清/浊辅音构成，剩下 12 个音位是不成对的清浊辅音。如果根据软硬来划分，32 个辅音音位由 16 对软/硬辅音构成，剩下 4 个音位是不成对的辅音。在两种划分方法中只有 /j/ 在任何一种划分法里都是单独的音位。

音位 /ц/ 是清辅音，与它相对的浊辅音是 /б/。对音位 /ц/ 来说，清/浊并不是它的区别性特征，因为没有与之相对的浊辅音。音位 /ц/ 在具有辨义作用的强位时体现为清辅音 [ц] 和浊辅音 [дз]，所以清/浊是这两个音的整体化特征。其他不成对的清浊音位情况也是如此。

[ц] 和 [ч'] 处于强位时所体现的音位和其他所有音位的区别性特征在于它们是塞擦音。这两个音之间通过两个特征相区别：[ц] 是唇硬辅音，[ч'] 是前颚软辅音。实际上要区别这两个音位只需一个区别性特征就够了。一般情况下，软/硬是更明显和更常用的区别性特征，所以对这两个音来说，软/硬是它们的区别性特征，而唇/前颚则是整体化特征。

在辅音音位子系统中比较特别的是音位 /j/。它不受任何其他辅音音位的影响。这个音位只有一个音 [j]，这是唯一一个中舌辅音。/j/ 既不能按清/浊的标准归类，也不能按软/硬的标准划分，它只有一个区别性特征，那就是中舌音。在具体的发音实践中它有三个变体音：[j],[и]

和不发音的 [Ø]。

一般来说，在辅音音位子系统中，大部分音位根据其与子系统中不同音位的对立会有不同类别的区别性特征集。每一个区别性特征集必须能对该音位进行识别，即将其与其他辅音音位区分开来。

二. 清浊成对的辅音音位有以下区别性位置：

1）在元音之前：[п]от — [б]от, [п']ел — [б']ел, [ф]аза — [в]аза, [ф']инн — [в']ин, [т]ам — [д]ам, [т']е́ло — [д']ело, ко[с]а́ — ко[з]а́, [с']ядь — [з']ять, [к]ость — [г]ость, [к']ит — [г']ид, [ш]ар — [ж]ар;

2）在响辅音之前：[п]леск — [б]песк, [п']jу — [б']jу (пью —бью), [ф]лага — [в]лага, [т]рава́ — [д]рова, [с]лой — [з]лой, [к]ласс —[г]лаз, слы́[ш]ной — с лы́[ж]ной。这些位置都是成对清浊辅音的强位。

在以下弱位置上成对的清浊辅音音位不再相互区分，可以视为同一个音位。

1）在词尾：тру́[п]а — тру[б]а́ — тру[п], ко[т]а́ — ко́[д]а — ко[т];

2）在噪辅音之前：те[с]ать — тё[с]ка (тёска), тё[з]ок—тё[с]ка (тёзка); ска[т]ок—ска[т]ку, с ка́[д]ок — с ка́[т]ку (кадку); ко[с']и́ть—ко[з']ба́ (косьба), ре́[з]ать —ре[з']ба́;

当清浊辅音音位在 [в] 前时情况比较复杂，它们是否弱化主要取决于 [в] 后的那个音：如果这个音是元音或响辅音，那么 [в] 前就是强位，如果是噪辅音，那么这个位置就是弱位。例如：[т]воре́ц — [д]воре́ц, [с]верь — [з]верь, о[т] вла́стного — по[д]вла́стного，在这些位置上清浊是要区分的；по[д] взгля́дом — о[д] взгля́да, по[д] вби́тым — о[д] вби́того, бе[з] вдо́ха — [з] вдо́хом，而在这些弱位上清浊是不区分的。

三. 软硬成对的辅音音位在现代俄语中发生了一些变化。

在旧体系中，成对的软硬辅音只在以下强位上是相互区分的：

1）元音之前 — 这对于所有成对软硬辅音都是强位：[па]льцы — [п'а]льцы (пяльцы), гру[ба] — гру[б'а] (грубя), гра[фы] — гра[ф'и́]т, [ва]л — [в'а]л(вял), [мо]л — [м'о]л, ко[та́] — ка[т'а́], сол[да́]т — си[д'а́]т, шос[сэ́] — ро[с'э́], в [за]л — в[з'а]л, [но]с — [н'о]с, [лу]к — [л'у]к, го[ры] — го[р'и́], [ко]т — т[к'о]т;

2）以下位置对部分成对软硬辅音来说是强位：

a) 在词末尾——对除后舌音外的所有辅音：то[п]—то[п'], кро[ф] (кров) — кро[ф'] (кровь), те[м] — те[м'], бра[т] — бра[т'], о[с] — о[с'], да[л] — да[л], ко[н] — ко[н'], жа[р] — жа[р'];

b) 位于硬唇辅音和后舌音之前——对唇噪辅音音位 /с/ — /с'/, /з/ — /з'/, /т/ — /т'/, /д/ — /д'/：по[см]о́трит — пи[с'м]о́, и[зб]а́ — ре[з'б]а́, ге[тм]а́н—[т'м]а, на[дб]а́вка—су[д'б]а́; вы́та[ск']ивать—нау[с'к']иваться, нагру́[ск]а (нагрузка)——ку[с'к]а (кузька), ма́[тк]а — ба[т'к]а, ре́[тк]о (редко) —ре́[т'к]а (редька);

c) /л/ — /л'/ 位于所有辅音之前：мо[лв]а́—ма́[л'в]а, ша[лф']е́й — со[л'ф']е́джио, на сто[лб']е́ — стре[л'б']е́, то[лп]а́ — ска[л'п]а, на хо[лм']е́—о фи[л'м']е, по́[лз]ать — по[л'з]а, занима́[лсэ] (занимался) — ва[л'с]а, во[лд]ы́рь — [л'д]ы, же[лт]о́к — па[л'т]о́, по[лн']е́й — во[л'н']е́й, ха[лц]едо́н — фа[л'ц]е́т, по[лл']итро́вый— гу[л'л']вый, мо[лч']и́—ма́[л'ч']ик;

d) /р/ — /р'/ 位于唇辅音、后舌音及软齿音（不在前元音之后）之前：го[рб]а́тый — бо[р'б]а́, ко[рм']е́—тю[р'м']е́; го́[р'к]а — го́[р'к]о, пу[рг']и́ — се[р'г']и́, о спо́[рт']е — оспо́[р'т']е, о ба[рс]е — жа[р'с']я;

e) /н/ — /н'/ 位于硬唇音、齿音、塞擦前腭音以及后舌音之前（即在除 [р] 之外的各类硬辅音以及软的后舌音之前）：баке[нб]а́рды — го[н'б]а́; же́[нс]кий — ию́[н'с]кий, афга́[нц]ы –тайва́[н'ц]ы; атама́[нш]а — ра́[н'ш]е, ора́[нж]евый — де[н'ж]о́нки; ба́[нк]а — ба[н'к]а, ра[нг']и — де[н'г']и;

在旧体系中，软硬成对的辅音音位在许多位置上是不区分的。这些位置对它们来说是辨义的弱位。我们以唇辅音音位的情形为例。

1）唇辅音音位在一些位置上会被软化而发软音，比如：在软唇辅音之前：лю[б'в']и́, [в'-б']и́тве, ри[ф'м']е, ни[м'ф']е, о[б'м']е́н, а[м'б']и́ция, ва[м'п']и́р; 在中缝齿音前：[в'з']ять, [ф'с']е, о[б'з']елени́ть, пу́[п'с']ик, пе[м'з']е; 在其余齿音之前、前元音之后：ре[в'н']и́вый, три[п'т']их, зе[м'л']е́; 在 [ч'], [ш'] 之 前: [ф'-ч']и́стом, [п'ч']ела́, о[п'ш']ита́ть, [м'ш']е́ние;

在音位 /j/ 的各种音素之前：[б'jy], [п'jo]т, [в'jy]га, се[м'ja]；唇辅音（擦音）在后舌音之前，以及塞音在前元音之后：[в'-г']и́ре, торго́[ф'к']и, ни[ф'х']и (нивхи), ги́[п'к']ий (гибкий), тря́[п'к']и, сё[м'г']е.

唇辅音音位在另一些位置上则发硬音，比如在软塞齿音之前，还有在 [л'] 音之前并且不在前元音之后：[пт']и́ца, [мн']и́мый, сна[бд']и́ть, да[вл']е́ние；唇辅音（塞音）在软后舌音之前且不在前元音之后发硬音：кно́[пк']и, о[пх']итри́ть, ло́[мк']ий, [мх']и；唇辅音在 [р'] 之前也发硬音：[бр']и́тва, ре[пр']и́за, [вр']е́мя, е[фр']е́йтор.

所以，软、硬唇辅音音位在某些位置上可能会发生中和现象。例如：/в/ — /в'/ 在以下单词中：[в] о́бруч—[в'-м']яч, [в]а́лом—[ф'-с']е́ром, [в']есь—[ф'с']я, коро́[в]а — коро́[виу] 以及 кро[ф'] — кро[в'иу]。在这些例子中 /в/ 和 /в'/ 完全一致了，它们在软的唇、齿辅音及 /j/ 前被中和为两个软辅音 [в'] 和 [ф']。/п/—/п'/, /м/ — /м'/, /б/ — /б'/ 也同样存在这类中和现象。在发生中和现象时辅音音位所处的位置就是它们的辨义弱位。

2）唇辅音音位在所有的硬辅音之前都只发硬音。例如：тра́[вм]а, о[бв]а́л, [фп]а́дина; то[пт]а́ть, а[бз]а́ц, пра́[вд]а, [мл]а́дший; [пр]а́во, ка[пк]а́н, а́[вг]уст, [фх]од.

软硬成对的唇辅音音位位于硬齿音及发硬音的 [р] 之前时会发生中和现象。如：/б/ — /б'/ — о[б]устро́ить — о[пц]елова́ть 和 ру[б']е́ц — ру[пц]а́, о[б]ыгра́ть — о[бр]уби́ть 和 бо[б']ёр — бо[бр]а; /в/ — /в'/ — [в] упо́р — [фс]тык 和 о[в']ёс — о[фс]а́, [в] обни́мку — [вн]атя́жку 和 ра[в'] ен –ра[вн]ый, [в] уко́р — [вр]азно́с, [в]оро́та — [вр]ата́ и ко[в']ёр — ко[вр]а; /м/ — /м'/ — до[м] — бездо́[мн]ый 和 до[м']енный — до[мн]а. 所以可以认为，位于硬齿音和 [р] 之前的软硬唇辅音音位在某些词中（са[бз]а́, ги[пн]о́з, ма[вз]оле́й, а[фт]ор (автор), [пл]а́вать, [бр]ат, [фр]анцу́з 等）扮演着超音位的角色。

在硬唇音 [ш], [ж] 以及后舌硬音的前面不区分软硬唇辅音音位，这些位置对它们而言是辨义弱位。但是它们在这些位置上不发生中和现象。

除唇辅音音位外，齿辅音音位 /с/, /с'/, /з/, /з'/, /т/, /т'/, /д/, /д'/ 以及 /н/,/н'/,/р/,/р'/ 等音位在辨义弱位上都存在中和现象。

在现代俄语中出现了一种软辅音在软辅音之前发硬音的现象。一些辅音在某些位置上已经被硬化，还有一些软辅音处于被硬化的过渡阶段。这种现象已经导致特定位置上软硬辅音音位关系的变化。

在新体系中出现了一些新的软/硬对立的强位。比如，开始在以下位置区分出软/硬特征：

1）在软齿辅音前时唇音和齿音有软/硬的区别：сли́[пс']я — сы́[п'с']я, несё[мс']я — знако́[м'с']я, идё[мт']е — эконо́[м'т']е, ко́[фт']е — гото́[ф'т']е; разро́[сс']я — бро́[с'с']я, па́[сс']я — обезопа́[с'с']я, разле́[сс']я — взве́[с'с']я;

2）在软唇辅音前齿辅音有软/硬的区别：ко[см']и́ческий — во[с'м']и́, и[зб']е́ — ре[з'б']е́, о[тм']е́тка — во [т'м']е́, кла[дб']и́ще — сва[д'б']е;

3）在 /j/ 前的前舌音有软/硬的区别：[cje]зд—до[с'je], ди[зjу́]нкция — ко́[з'иэ], о[тjо́]м—ши[т'jо́], по[дjá]корный—ма[д'já]р, и[нjэ́]кция—сви[н'ja], инте[рjэ]кция—сы[р'jо];

4）/н/ 和 /н'/ 在 [ч']、[ш'] 之前：ко[н'ч']а́ть — ви[нч']е́стер, Куба́[н'ш']ина – есе́ни[нш']ина;

5）在软后舌音前的后舌音有软/硬的区别：лё[х'к']ий — ва[кх']и́ческий.

俄语中发生的这些变化表明在辅音音位体系中形成了一些新的关系。软辅音在软辅音前硬化的趋势可以解释为，语言中正在将不表示软音音位的音素视为硬音音位的某种显性音素。由此开始用这些显性音素来表示辅音音位。这样一来，使辅音音位按软/硬对立的位置增加了[2]。于是在词内部软辅音前的硬辅音不再像往常那样一定要被软化为软辅音，而软辅音前的位置也不再是中和软硬对立的位置。其结果是，之前同属一个音位的软硬辅音的交替变成了音位之间的交替，例如：мо́/с/т — мо́/с'/тик, у/з/да—у/з'/де́чка, стака́/н/ — стака́/н'/чик. 而诸如по́/с/ле — по́/с'/ле 之类的发音变体也变成了音位的变异。所以，在新的辅音子

---

[2] 在以前的语音学体系中，软硬辅音对立的分布远不如清浊辅音对立的分布广，依靠辅音软硬对立来区别的词不很多，硬辅音和软辅音交替的现象受到较多的限制。见《现代俄语理论教程》（上册），王超尘、诸同英等编，上海外语教育出版社，1988 年，第 55 页。

系统中，任何一个软辅音音素都是软辅音音位的代表，任何一个硬辅音音素都是硬辅音音位的代表。

四. 在辅音音位中还有一些按照其他区别特征（比如根据成音的位置和方法）相对立的音位，这些音位在某些情况下也会发生中和现象。例如在前腭音之前齿音和前腭音在音位上会完全一致：на[ш ш]офёр увидел (/с/ 和 /ш/ 两个音位在这里变成一个 /ш/ —— нас 和 наш)；отре́[ж ж]ёлтый (/з/ 和 /ж/ 两个音位在这里被中和为一个 /ж/ —— отрез 和 отрежь)；крупи́[ц]а —— крупи́[т']чатый, пота́[ч']ка —— пота́[т']чик (/ц/ 和 /ч'/ 被中和)。

# 第八章　正读法

## 第一节　正读法概述

正读法是表示文字和读音关系的一整套读法规则。其中包括读音规则（音位组成及其在不同位置的体现、个别词素的音位组成）和超音段语音规则（重音和语调）。在语言学中，研究这些规则的作用机制并制定读音规则的分支也被称为正读法。

传统上正读法里包含了标准语的所有读音规则。但现在一般认为，正读法只研究那些在标准语里有变体存在的读音规则。这种观点将正读法和语音学作了明确的区分。举例来说，浊辅音在词末发清音这一现象就属于语音学而非正读法的范畴，而同一音位有若干发音变体则属于正读法的范畴，比如，一些人发 д[и³]ла́, в[и³]сна́, вз[и³]ла́, 另一些人会发 д[э^и]ла́, в[э^и]сна́, вз[э^и]ла́, 这里区别仅在于同一位置上语音的性质不同，而音位（根据莫斯科语音学派的观点）还是同一个。

除读音上的变体外，正读法还研究重音在词、词形和语音词中的各种变体，例如词 кла́дбище 和 кладби́ще, творо́г 和 тво́рог, и́скристый 和 искри́стый；词形 ко́су 和 косу́, вку́сны 和 вкусны́, ткала́ 和 тка́ла；语音词 на́ руки 和 на ру́ки, не́ дали 和 не дали́。而一个词中是否有第二重音的问题也属于正读法的范畴，如：ме́жплане́тный 和 межплане́тный。

正读法除了研究读音的语言内因素外，还考察影响读音的语言外因素，比如操同一种标准语的不同社会群体在读音上会有一些差异；而同一社交主体在不同的社交场合下会选择同一词的不同读法。

读音变体的产生主要有以下几个方面的原因：1）读音规则的新旧交替（一般来说，旧的读音规则被新读音规则所取代是历史的必然，但在标准语发展的某一阶段上会出现两种读音共存的状态。例如，对某些辅音组合来说，传统的读音规则是软辅音前面的辅音发软音：[з'в']ерь, е[с'л']и, 按照新的读音规则，前面的辅音要发硬音：[зв']ерь, е[сл']и）；2）词的不同使用领域，比如，同一个词在通用领域和专业领域有着不同的发音，如：добы́ча 和 до́быча, и́скра 和 искра́；3）词的不同使用主体。如男人情绪激动时容易加长辅音的读音，而女人情绪激动时则加长元音的读音；4）词的不同使用区域，即标准语的方言变体；5）词的不同使用语境，即语体的不同会造成读音的差异，比如：在高级语体中存在发音 э 化的现象：б[эᵘ]ру́, вз[эᵘ]ла́; 高级语体里一些外来词中非重读位置的 [o] 不弱化：н[o]ктю́рн, п[o]эти́ческий, 而这些词在中性语体里则发为：б[иᵊ]ру́, вз[иᵊ]ла́, н[aᵊ]ктю́рн, п[э]эти́ческий。在口语体中还会有元音和辅音脱落的现象：про́во[лк]а (проволока), не[кт]орые (некоторые), в[а]бще́ (вообще), ты[ш':]а (тысяча), п[ии]ся́т (пятьдесят)。

## 第二节　口语体的读音特点

在口语标准语中存在一些变体，一般称为发音语体。谢尔巴提出要区分满音体（即读词的时候语速专门放慢，发音清晰，每个音和每个音节都特别强调读出）和会话语体（人们平静交谈时的语体）。这种区分被后来的学者称为完全型发音和不完全型发音。

一、许多语音学家将音体分为高级音体、中性音体和会话音体三种类型。

1. 中性音体没有修辞色彩，它是各种不同类型口语文本的基础。

2. 高级音体表现在文本中个别词的发音特点上。这些特点大多反映出将读音贴近书写的倾向。高级音体有以下基本特点：

1）发音的 Э 化现象：一般情况下，音位 /э/, /o/, /a/ 位于重读音节前一音节的软辅音后时发 [иᵊ] 的音，但在高级音体中发成 [эᵘ] 音。如：м['э]сто —м['эᵘ]ста́, в['о]л — в['эᵘ]ду, р['а]д —р['эᵘ]ды, 试比较：с[и]ла — с[иᵊ]ла́ч;

2）э 在词首与 е 在硬辅音之后等非重读的情况下发 [э]：[э]вакуа́ция, [э]кзо́тика, [э]литарный, [э]тике́т; ид[э]нти́чный, пот[э]нциа́л, ге́н[э]зис;

3）在非重读情况下一些外来词中的 [о] 不弱化：н[о]ктю́рн, п[о]эти́ческий, р[о]к[о]ко́;

4）辅音之间的 т, д, г 在高级音体中仍然正常发音（在中性音体中一般不发音）：по́с[т]ный, бе́з[д]на, па́с[д]бище (пастбище), пос[ц]сове́тский (постсоветский), гига́н[ц]ский (гигантский), петербу́р[к]ский (петербургский);

5）元音之间的两个相同的辅音在高级音体中发长音（在中性音体中一般发短音）：и[л':]юмина́ция, су[р:]ога́т, ба[с':]е́йн, э[ф':]е́кт, профе́[с:]ор, те́[н':]ис, воспи́та[н':]ик, организо́ва[н:]ый;

6）形容词单数一格在非重读词尾前的辅音以及动词后缀 -ивать 之前的辅音都发硬的后舌音：пы́л[кə]й, упру́[гə]й, ве́т[хə]й; растá́с[кə]вать, затя́[гə]вать, вспа́[хə]вать;

高级音体的特点还包括某些一直保留至今的老式莫斯科发音特点：

7）反身动词后缀发硬的 [с] 音：собира́ла[с], береги́[с], возьмём[сə];

8）高级音体在发音上还可以运用一些特殊音色的嗓音，比如送气较弱的嗓音：

Москва... как много в этом звуке

Для сердца русского слилось!

Как много в нем отозвалось!

*(Пушкин)*

这里 Москва 和 много 两词可以用这种嗓音表达。

二、会话音体后来被许多语言学家界定为口语体（разговорная речь），专指谈话人在非正式场合下无准备、无拘束的交谈语体，与其相对的是用于正式场合下经过准备的规范标准语 (кодифицированный литературный язык) 语体，它遵守中性音体的发音规则。之所以将标准语做这样的划分是因为口语和规范标准语属于两种不同的语言体系，它们在语音、语法和词汇方面都有一系列区别。尽管口语中的音位和规范标准语中的音位是完全一致的，但它们在音位体现及随位规律方面却不尽相同。

口语的基本语音特点如下：

1. 音位 /э/, /а/ 位于两个软辅音之间的重读音节时可能在发音位置上比规范标准语的舌位更高，如：оде́ли — од[и́]ли, серия — с[и́]рия; размя́ть — разм['э]ть, пять — п['э]ть; 同样的情况也出现在音位 /о/ 位于重读音节时：в доме — в д[у́]ме, тот—т[у́]т。

因此，在口语中这些位置上的几个音位就不再相互区分— /э/ — /и/, /э/ — /а/, /о/ — /у/, 于是，在规范标准语中具有辨义功能的强位在口语中却成了不具有辨义功能的弱位。这反映了口语和规范标准语的区别。

2. 音位 /у/ 位于硬辅音之后、非重读音节（重读音节前一音节除外）时可能发 [ə] 音：ж[ə]рналист, форм[ə]ла, выс[ə]шить；位于软辅音后、非重读音节时会发 [иᵞ] 音：л[иᵞ]бознательный, ощ[иᵞ]щение, кап[иᵞ]шон, на пол[иᵞ]се — на полюсе；

3. 音位 /и/ 位于硬辅音之后、非重读音节（重读音节前一音节除外）时可能发 [ə] 音：б[ə]товой, в[ə]ходить, д[ə]ракол, р[ə]саки, вым[ə]ть, светл[ə]й—светлый, бел[ə]е—белые, голов[ə] — головы, зуб[ə], чтоб[ə] — чтобы；.

4. 与规范标准语不同，在口语中当音位 /о/, /а/ 位于软辅音之后的词末非重读开音节时发类似于 [иᵞ] 的短音：мор[иᵞ] —море, моря；воскресень [ци̯ᵞ] — воскресенье, воскресенья；вол[иᵞ] — воля, воле, воли；гость [ци̯ᵞ] — гостья, гостье, гостьи；

根据口语的上述语音特点我们可以看出，元音音位在一些位置上发生了中和现象，这在规范标准语中是绝无仅有的，所以必须变更口语元音音位的子系统。

口语中非重读位置上音位间的关系可以用下表来表示：

| 音位<br>非重读音节位置 | /у/ | /и/ | /э/ | /о/ | /а/ |
|---|---|---|---|---|---|
| 1.ГГ, #Г | [у] | [иᵞ] | | [аᵞ] | |
| 2.СГ（重音前一音节） | [у] | [ыᵞ] | | [аᵞ] | |
| 3.СГ（重音前一音节除外） | [у] | [ə] | | | |
| 4.С'Г | [у] | [иᵞ] | | | |

在非重读音节上的位置：1—在凸首音节，2—在硬辅音之后，重读音节前一音节，3—硬辅音之后，除重读音节前一音节的所有音节，4—在软辅音之后。

5. 非重读的元音（一般是高元音 [y] 和 [и]）可能发类似于低语状态下的清音。发音时基本发声动作不变，但声带不产生振动，所以不出声音和声调。清元音一般出现在下列场合：1）重读音节之后清辅音之间；2）在词尾的清辅音之后停顿之前；3）在以清辅音打头的单词之前。例如：вы́п[у̥]стить, па́ш[у̥]т, вы́рубк[у̥]‖, поло́с[у̥] пропаха́л; пла́т[и̥]т, раска́т[и̥]стый, ру́к[и̥]‖, пала́тк[и̥] стоя́т;

6. 在口语中最常见的变化是音的脱落。元音的脱落一般发生在二级弱化的情况下，即在重音后的音节和重音前的第二个音节以远的位置上。元音脱落后整个词的发音时长和音节总数并不变化，所以脱落元音前的辅音一般会延长并加重读音，从而成为一个成音节音。例如（脱落的元音用括号标识）：

фи[л°](о)логи́ческий, со[р°](о)ково́й, и[н°'](и)циати́ва, [г°](о)лубцы́, [д°](о)носи́лись, [с°](а)молёт, [ф°](о)тока́рточка, сти[х°](о)творе́ние, [п°](о)тому́ что, [к°](о)лобо́к; хо[л°](о)дно, за́ [н°](о)чь, вы́[н°'](е)су, вре́[м°'](е)ни, ви́[д°'](и)мо, ро[з°](о)венькая, ка́[ж°'](е)тся, ма́[ш°](е)т, о́[ч°'](е)нь, го́ло[с°](а);

元音脱落还可能导致音节消失：про́вол(о)ка, су́тол(о)ка, па́пор(о)тник, не́к(о)торые, вы́тар(а)щила, пу́г(о)вица, всё-т(а)ки, де́с(я)ть раз, вер(е)тено́, одер(е)вене́л, кол(о)кола́;

重读音节前一音节中元音脱落的情况则极为少见：универс(и)те́т, присоед(и)ня́юсь, дес(я)ти́, т(е)пе́рь;

元音脱落后与其相邻的辅音之间可能会发生同化现象，如：тыс(я)ча > ты[ш':]а, где-т(о) была́ > где-[д б]ыла́, прост(о) так > про́[с:]так. 圆唇元音脱落后其前的辅音仍然维持圆唇化状态，而其后的辅音被圆唇化：буд(у)т > бу[д°т°], стан(у)т > ста́[н°т°]。

7. 元音脱落可能发生在与其他元音相邻的情况下，此时音节也一同消失。一般脱落的是弱化程度更强的元音。这种现象常见于外来词词根，前缀与词根的结合处，以及复合词中。例如：т(е)атр — [т'а]тр, офиц(и)а́льно, спец(и)а́лъно, спец(и)али́ст, милиц(и)оне́р, в (о) обще́, дик (о) обра́з, с(о)образи́тъ, в (о) оружённый, в(о)обража́ла；

当 иа, еа, ио, ео 等结合紧密的元音位于重读音节前第二个或以远的音节中时发 [и] 音，当它们在重读音节前一音节时发 ['а] 音，例如：виолончель — в[и]лонче́ль, материалистический — матер[и]листи́ческий, диалектология — д[и]лектоло́гия, библиоте́ка — биб[л'а]те́ка, театральный — [т'а]тра́лъный, леопард — [л'а]па́рд；

8. 辅音的脱落可能出现在各种位置上。

1）位于元音之间：ко(г)о́, то(г)о́, ви́(д)ите, выхо́(д)ите, госпо(д)и́н, на́(д)о, пя(тьд)еся́т, ко(н)е́шно, ба́(б)ушка, де́(в)ушка, в сороко (в) о́м, го́ло(в)у. 位于重读音节后的组合音 [вә] 常常发为 [у] 音：но́вого — но́[увә], одним сло́[у]м, соста[у]м；

由于元音间辅音的脱落出现了元音的组合。组合中一个元音的脱落会导致整个音节的消失：се(г)о́дня > с(ег)о́дня — [с'о́]дня, пра́(в)ильно > пра́(ви)льно, со(в)ершенно > со(ве)ршенно, че(г)о́ > ч(ег)о, ниче(г)о́ > нич(ег)о́, те(б)е́ > т(еб)е, те(б)я́ > т(еб)я, бу́(д)ем > бу(де)м, мо́(ж)ешь > мо(же)шь；

2）一组辅音时的简化读法：

在词首— (в)стре́тить, (в) скипе́л, (в)здро́гнуть, (в) сё, (г)де, (с)паси́бо；

在词中 — то(ль)ко, ско(ль)ко, ес(л)и, не(ль)зя, ко(г)да, то(г)да, воз(в)раще́ние, пе́р(в)ого, ра́з(в)е, се́мь(д)есят, пре(д)ставля́ешь, смо(т)ря́, октя́б(рь)ский；

在词尾— чу́вст(в), сре́дст(в), ес(ть), пус(ть), бли́зос(ть)；

3）表示音位 /j/ 的两个音 [j] 和 [и] 可能发生脱落现象：если — [э́]сли, его — [иво́], ягнёнок — [и]гнёнок, из Европы [из-ы]вро́пы, объяснить — об[и]сни́ть, полностью—полнос[т'у], вы́(й)дет, по(й)дём, ле(й)тена́нт, англи́(й)ский, се (й) ча́с 或者更简化—с(ей)ча́с；

9. 在一个词中有三个以上的音（包括元音和辅音）脱落：есте́с(твен)но, прави́т(ель)с(твен)ный, кто-н(ибу)дь, ч(елов)ек,

ока́(зывае)тся, неск(олько), пер (вый) раз, чес(тное) слово；

10. 与规范标准语不同，在口语中读人名和父称时常常伴随着音的脱落。例如：Алексе́(ев)ич, Андре́(ев)ич, Серге́(ев)ич, Васи́л(ьев)ич, Григо́р(ьев)ич, Евге́н(ьев)ич, Никола́(ев)ич, Иса́(ев)ич. 在以 -еевна 结尾的父称中 ее 只发一个：Алексе́(е)вна, Андре́(е)вна, Тимофе́(е)вна; 在以 -ьевна 结尾的父称中 ев 不发音：Васи́лъ(ев)на, Генна́дь(ев)на, Ю́рь(ев) 。

男人父称中以非重读的 -ович 结尾时 ов 不发音：Борисович — Бори[сэч'] 或 Бори[сч'], Олегович -Оле[гэч'] 或 Оле[гч'], Михайлович — Миха́(й)[лэч'] 或 Миха́(й)[лч']。以 -овна 结尾的女人父称中 ов 一般不发音，如：Анто́н(ов)на, Бори́с(ов)на, Ви́ктор (ов)на, Макси́м(ов)на；当然也有其他音脱落的情况：Алекса́н(дров)на, Миха́(й)л(ов)на, Па́(в)л(ов)на, Фёд(оров)на。

一些男人名与父称连在一起读时会发生几个音脱落的现象：Алекса́н(др) Петро́вич, (Алек)са́н(др) (Алек)са́н(дрови)ч, Миха́(и)л Ви́кт(орови)ч, Па́(ве)л Дми́т(риеви)ч, Григо́р(ий) Ос(ипови)ч, Васи́л(ий) Ива́н(ови)ч, Дмит(рий) Никола́ (ее) ич. 在女名中非重读的 -ия, -ья 一般不发音：Лид(ия) Никола(е)вна, Наста́сь(я) Влади́мир(ов)на；此外，人名和父称中还有其他一些音脱落的情况，如：Ал(ек)са́н(дра) Дми́т(риев)на, Ната́л(ия) (И)о́с(ифов)на 等。

## 第三节　元音的正读规则

元音的正读规则有以下特点：

1. 在 19 世纪的俄语标准语中，元音在非重读音节上主要发 э 化音，所有的元音音位（/y/ 除外）在非重读音节前一音节及软辅音后时基本都发 [э^и] 音，比如：p['э^и]ка́, н['э^и]су́, п['э^и]таќ. 在现代俄语中元音在非重读音节上主要发 и 化音，即非重读音节前一音节及软辅音后的所有元音音位（/y/ 除外）基本都发 [и^э] 音。如：п[и́]лы —п[и^э]ла́, р['э]к — р[и^э]ка́, н['о]с — н[и^э]су́, п[а́]тый — п[и^э]а́к。

2. 在 19 世纪的俄语标准语中，元音音位 /э/,/о/,/а/ 在硬辅音

[ш], [ж], [ц] 之后且处于非重读音节前一音节时发 [эʰ] 音，如：/э/ — ш[эʰ]сты́, ц[эʰ]на́; /о/ — ш[эʰ]лка́, ж[эʰ]лто́к; /а/ — ш[эʰ]ры́ (шары), ж[эʰ]ра́(жара). 在现代俄语中，由于元音在非重读音节的 И 化发音现象，这三个元音音位在相同的位置上开始发 /и/ 在此位置上的音—[ыª]: ц[ыª]на́, ш[ыª]лка́, ж[ыª]ра́, ж[ыª]ла́(жила), ж[ыª]ры́ (жиры)。需要指出的是，/о/, /а/ 这两个音位的读音在近年来有些新变化，它们在硬辅音 [ш], [ж], [ц] 之后且处于非重读音节前一音节时开始发 [аª] 音：шага́ть, шали́ть, шапчо́нка, жарко́е, вожака́, цари́ца, шоки́ровать, канцоне́тта; 当这两个音位在同样的位置且位于软辅音之前时仍然发 [ыª] 的音，如 жале́ть, пожале́й, к сожале́нию, лошаде́й, лошадя́м, лошадя́ми, жаке́т, жасми́н, двадцати́, тридцатью́ 等。

3. 在 20 世纪的口语体和标准语的中性体中出现了一种新倾向，即在重读音节后的词尾或非词尾的闭音节中 [ыª] 音逐渐被 [ə] 音所取代：о́п[ыª]ты—о́п[ə]ты, вы́слуш[ыª]вать—вы́слуш[ə]вать, вы́м[ыª]л—вы́м[ə]л, кра́сн[ыª]х—кра́сн[ə]х; 近来在重读音节前的音节中（重读音节前第一音节除外）也开始出现 [ə] 和 [ыª] 共存的现象：в[ыª]ходи́ть 和 в[ə]ходи́ть, б[ыª]тово́й 和 б[ə]тово́й, с[ыª]рова́тый 和 с[ə]рова́тый, 但在这一位置占主导地位的还是 [ыª] 音。

4. 在口语里字母 у, ю 以及二级弱化的 [у] 音在硬辅音之后会发 [ə] 音，在软辅音之后发 [иª] 的音：акк[ə]муля́тор, г[ə]берна́тор, с[ə]мато́ха, к[ə]выркаться, зам[ə]жем, попроб[ə]й, комм[иª]нике́, револ[иª]цио́нный, име́[иª]щийся。

5. 非重读的元音会受到相邻音节元音的同化作用，通常这种作用是逆向的。例如：пр[əª]д[аª]лжа́ть, т[əª] рр[аª]ко́товый, м[əª]л[аª]дёжь, в[əª] д[аª]ём, г[əª]д[аª]вщи́на; з[эʰ]б[ыª]ва́ть, н[əʰ] т[ыª]ка́ться, яг[эʰ]т[ыª]; з[əʸу]да́рный, ф[у]к[у]льте́т 等。

6. 前附词（проклитика）和后附词（энклитика）可以不遵循元音弱化的规则，试比较：дьяк он [д'ja̍к-он] — дьякон[д'ja̍кəн], те леса [т'э-л'и̯са́] —телеса́[т'и̯-л'и̯са́], я с ней [и̯а-с'-н'эи̯] — ясне́й[и̯и̯с'н'эи̯]。

7. 在某些复合词、复合缩写词以及带某些前缀的词中，非重读音节上元音的发音不发生质的弱化，如：др['э]внеру́сский, м['э]жинститу́тский, с[о]реда́ктор, стр[о]йотря́д, м[а]шбюро́, транссиби́рский, тр['о]хра́зовый, в['а]лотеку́щий 等。

## 第四节　辅音的正读规则

辅音的正读规则有以下几点：

1. 随着语言发音体系的变化，软辅音前的辅音逐渐开始发硬音。以前在俄语中大多数辅音都遵循"软辅音前的辅音发软音"的规律，即 C'C'。近年来在标准语中出现一种硬化第一个辅音的倾向：C'C' > CC'。目前这种趋势正在向强势转化，但旧有的读音规则在很多场合仍然起作用，所以具体发什么音还得分情况视之。

唇辅音在许多软辅音前既可以按老规则发软音，也可以按新规则发硬音。不过发硬音的情况更常见些。

唇辅音在唇辅音之前时，发软硬皆可：[в'б']и́ть // [вб']ить, ри[ф'м']е // ри[фм']е, о[б'м']ён // о[бм']ён, а[м'б']и́ция // а[мб']и́ция。

唇辅音在中缝齿音之前时，也是二者皆可：[ф'с']е // [фс']е, [п'с']и́на // [пс']и́на, ото[м'с']ти́ть // ото[мс']ти́ть；在其他齿辅音之前时，唇辅音只有在前元音之后才发软音：поги[б'л']и // поги[бл']и, те[п'л']ится // те[пл']ится, те[ф'т']ели // те[фт']ели，它在其他位置时只发硬音：ко[пт']и́ть, ка[пл']я, [бд']е́ние, гра[бл']и, ко[фт']е, по[мн']ить 等。

唇辅音在前腭音 [ч'], [ш'] 之前时，发软硬音皆可：о[ф'ч']и́на // о[фч']и́на, люби́[м'ч']ик // люби́[мч']ик, о́[п'ш']ий // о́[пш']ий；在前腭音 [р'] 之前时唇辅音只发硬音：за[пр']ёт, де[бр']и, на ко[вр']е́, за[мр']и́ 等。

唇辅音在音位 /j/ 的音之前时，发软硬音皆可：ко[п'jо́]//ко[пjо́], воро[б'j]и́//воро[бj]и́, жи[в'j]ём//жи[вj]ём 等，而在重读元音后 [и] 音之前时，唇辅音通常发软音：ко[п'иэ], дро́[б'иу], здоро́[в'иэ], се́[м'ии] 等。

齿辅音在软唇音之前时也是既可以按老规则发软音，也可以按新规则发硬音。如：по[с'п']еши́ть//по[сп']еши́ть, и[з'м']е́на // и[зм']е́на, че́[т'в']еро // че́[тв']еро, ме[д'в']е́дь // ме[дв']е́дь 等。

齿辅音在软齿音之前时一般发软音：мо[с'т']ик, ле[с'н']и́к, у[з'д']е́чка, ба́[н'т']ик, о[д'н']и́ 等。但在以下情况下它也可以发硬音：1）齿辅音位于词首：[ст']ена́, [сн']ег, [зд']есь；2）齿辅音位于前缀末尾：ра[ст']ирать, во[зд']ержа́ться, по[дн']ёс, о[тт']яну́ть；3）齿辅音位于硬辅音之后：то[лст']я́к, о́по[лзн']и, по́[лдн']ик, мё[рзн']ет, па[ртн']ёр, намо́[рдн']ик, ко[нст']иту́ция, те[кст']и́ль。

复合词中在词干结合处的第一个齿辅音一般是硬音：го[сс']екрета́ръ, Го[ст']телера́дио, дие[тс']естра́ (дие[цс']естра́), куль[тс']е́ктор (куль[цс']е́ктор), пе[тт']е́хникум (педтехникум)。

齿辅音在软前腭音之前时发音各不相同。在 [р'] 之前时齿辅音只发硬音：по[ср']едине́, со[зр']е́ть, [тр']и, му[др']е́ц, в жа[нр']е。在 [ч'], [ш'] 之前时齿辅音转化为前腭音，在大多数情况下发软音。

齿辅音在音位 /j/ 的音之前时发软音：до[с'jэ́], ко́[з'иэ], пя[т'jу́], [д'jа́]кон, ко[н'jа́]к, ко́[л'иэ]。在纯俄语前缀和前置词的末尾时，齿擦音既可以发软音（按老规则），也可以发硬音（按新规则）：[с'jэ́]хатъ // [сjэ́]хатъ, [с'jо́]лкой // [с-jо́]лкой, и[з'jэ́]денный // и[зjэ́]]денный, бе[з'-jа́]год // бе[з-jа́]год；而齿音爆破音一般发硬音：о[тjэ́]зд, о[т-jа́]блока, по[дjо́]м, на[д-jа́]мой。

齿辅音在软后舌音之前时通常发硬音：пя[тк']и, мо[зг']и́, Па́[сх']е.

[р] 在唇辅音和前舌辅音之前时通常发硬音：го́[рб']иться, со[рв']и́, а́[рм']ия; ко[рз']и́на, а[рт']е́ль, вто[рн']ик; го[рч']и́ца, сва[рш']ик；依照老规则，[р] 在前元音之后时常常发软音：те[р'п']е́ть, ве[р'ф'], че[р'в']и, пе[р'м']я́к; пе[р'с']ик, оме[р'з']и́тельно, че[р'т']и, се[р'д']ится, пе]р'ч']ёный, безалабе[р'ш']ина；[р] 在 [ч']、[ш'] 之前以及在其他位置上常常发软音：го[р'ч']и́ца, ко[р'ч']а́га, ста[р'ч']еский, литерату[р'щ']ина, смо́[р'ш']иться, бо́[р'ш']; 在后舌音之前时 [р] 一般发硬音：сти[рк']е, пу[рг']и, а[рх']и́в。

后舌音在唇辅音和前舌音之前时一般发硬音：бу́[кв']е, до[гм']е; та[кс']и́, [гд']е, ма[хн']и́, ви[хр'], чу́[кч']а；后舌音在音位 /j/ 的音素前时既可以发软音，也可以发硬音：Лу[к'jа́]нов // Лу[kjа́]нов, [к'-jо́]лке // [к-jо́]лке, свер[х'ии̯э]стéственный //свер[хъии̯э]стéственный (сверхъестественный); 在一些情况下，后舌音在软后舌音前发软音：лё[х'к']ий, нале[х'к']е, мя[х'к']ий (лёгкий, налегке, мягкий)，在另一些情况下软硬皆可：ва[к'х']и́ческий // ва[кх']и́ческий, дву[х'к']илометро́вка // дву[хк']илометро́вка, [к'-к']иту́ // [к-к']иту́, [г'-г']ита́ре // [г-г']ита́ре。

2. [ш'ш'] 这种组合在标准语中由以下音位组合而成：/сч/, /с'ч/, /зч/, /з'ч/, /шч/, /жч/, 以及 /(с|с'|з|з'|ш|ж)ч/。它们具体体现在以下单词中：расчёска, доно́счик, навя́зчивый, погру́зчик, весну́шчатый, мере́жчатый. [ш'ш'] 还有一个变体 [ш'ч']，它们的发音选择与时代及其所处的位置有关。

在 19 世纪到 20 世纪初的彼得堡 [ш'ч'] 的发音占绝大多数，现在不论是彼得堡还是莫斯科都发 [ш'ш']，如 [ш'ш']у́ка, [ш'ш']а́стье。

在词素结合处发 [ш'ш'] 还是 [ш'ч'] 取决于话语的节奏、词的使用频率以及词素间结合的紧密度。在一般节奏中发 [ш'ч'] 的，在快速语流中要发 [ш'ш']。在非常用词中通常发 [ш'ч']，在常用词或前置词 + 名词的组合中则发 [ш'ш']。比如在非常用词 бесчерепны́е, с чарти́змом 中通常发 [ш'ч']，而在常见词和词组 расчи́стка, с чем, без чего́ 中则发 [ш'ш']。

词根和后缀的联系一般比较紧密，此时一般发 [ш'ш']，如：подпи́счик, зано́счивый, во́зчик, привя́зчивый 等。只有在极少数情况下才发 [ш'ч'] 音，如非常见词 боро́здчатый 以及某些形容词的非常用比较级形式：бро́ский—бро́сче, ве́ский—ве́сче, ме́рзкий—ме́рзче, тря́ский—тря́сче。

词根和前缀的联系一般较弱，此时会发 [ш'ч'] 的音：бесчи́нство, бесчи́сленный, исче́знуть, исчерпа́ть, расчерти́ть, расчу́вствоваться 等。至于在联系更弱的前置词 + 实词或实词 + 实词的组合中，发 [ш'ш'] 的情况就相当少见：без чемода́на, из ча́йника, через час, прика́з часово́му, го́лос челове́ка, вкус черносли́ва。

3. [ж'ж'] 的发音主要由以下几个组合音位 /жж/, /зж/, /(с|з)ж/, /(с'|з')ж/, /(с|с'|з|з')ж)ж/ 来体现，这种发音仅见于不多的几个词中，按使用率的高低依次为：дро́жжи, бры́зжет, визжа́ть, дребезжа́ть,

размозжи́ть, брюзжа́ть, во́жжи, е́зжу, жжёт, по́зже, бре́зжить, сожжённый, взгромозжу́, жужжа́ть, дожди́, до́ждик, можжеве́льник，在以上词中，软化的发音 [ж'ж'] 正逐渐被硬发音 [жж] 取代。目前大部分操标准语者在发上述词时都只发硬音 [жж]（дожди́, до́ждик 除外）。

4. 18 世纪的时候 р 在很多词中都发软音，如：се[р']п, ве[р']ба, уше́[р']б, ве́[р']х, четве́[р']г, зе́[р']кало 等。当 р 位于 /э/ 之后、唇辅音或后舌辅音之前时，它一定发软音。从 19 世纪开始，这种情况发生了改变，р 发软音的地方逐渐开始发硬化，到了 20 世纪，р 在大多数情况下都发硬音，只有几个词例外（如 серьга́, дерьмо́, це́рковь）。

5. 在现代俄语中，一组辅音可能会因为其中一个音的脱落而被简读。在有些情况下这种脱落并不一定发生，辅音组的简读就构成了它的一个发音变体。概括地说，简读有以下几种类型：

1）齿辅音间的辅音脱落

[с]—[с]: шес[т'] — шес[-]со́т — шестьсо́т, тури́с[т] — тури́с[-]ский — туристский, бес[-]се́ллер — бестсе́ллер, пос[-]скри́птум — постскри́птум；有变体的情况：постсове́тский — пос[-]сове́тский 和 пос[т]сове́тский（准确来说是 пос[ц]сове́тский）；

[с] — [н] ([с'] — [н']): ме́с[т]о — ме́с[-]ный — ме́стный, чес[т'] – че́с[-]ный — че́стный, уча́с[т']ие — учас[-]ник — уча́стник, шес[т'] — шестна́дцать — шестна́дцать, капу́с[т]а — капу́с[-]ник — капу́стник, све́рс[-]ник — све́рстник，有变体的情况：че́люс[т'] — че́люс[-]ной 和 че́люс[т]ной, кос[т'] — ко́с[-]ный и ко́с[т]ный, пос[т] — по́с[-]ный и по́с[т]ный；

[з] — [н] ([з'] — [н']): опозда́ть — по́з[-]но — по́здно, пра́з[д']ен — пра́з[-]ник — пра́здник, ез[д]а́ — нае́з[-]ник — нае́здник, прое́з[т] — проез[-]но́й — проездно́й，有变体的情况：бе́з[-]на 和 бе́з[д]на, звёз[-]ный 和 звёз[д]ный, безвозме́з[-]но 和 безвозме́здно；

[с] — [л] ([с'] — [л']): зави́стливый, со́вестливый, счастли́вый, уча́стливый 等词发音时不发 [т] 音，хвастли́вый, жа́лостливый 中的 [т]

音可发可不发，костля́вый, постла́ть 一般要发 [т] 音；

[н] — [с]：在这两个辅音之间 [т] 一般是不发音的，如：гига́нтский, декаде́нтский, коменда́нтский, парла́ментский, голла́ндский, ирла́ндский, аге́нтство, дилета́нтство, капитуля́нтство, реге́нтство, 前两个词在少数情况下有变体出现：гиган[ц]ский, декаде́н[ц]ский；

[н] — [з]：在这两个辅音之间 [д] 一般是不发音的，如：ксен[-]за́ (ксендза́), кин[-]змарау́ли (киндзмарау́ли)；

2) 齿辅音 [л'], [н] 和前腭音 [ш] 之间的辅音脱落

[л'] — [ш]：фельдшер — фе́ль[-]шер（或 фе́ль[ч]шер）, ва́льдшнеп — ва́ль[-]шнеп（或 ва́ль[ч]шнеп）；

[н] — [ш]：адъюта́нтша — адъюта́н[-]ша（或 адъюта́н[ч]ша）, коменда́нтша — коменда́н[-]ша（或 коменда́н[ч]ша）, реге́нтша — реге́н[-]ша（或 реге́н[ч]ша）, фабрика́нтша — фабрика́н[-]ша（或 фабрика́н[ч]ша）；

3) 齿辅音和唇辅音之间的辅音脱落

[с] — [м]：пластма́сса — плас[-]ма́сса, пластма́ссовый — плас[-]ма́ссовый, астмати́ческий — ас[-]мати́ческий；

[з] ([з']) — [б] ([б'])：па́стбище — па́с[-]бище（或 па́с[д]бище）, пастьба́ — пась[-]ба́（或 пас[д']ба́）, ростби́ф — рос[-]би́ф（或 рос[д]би́ф）；

4) 齿辅音和后舌辅音间的辅音脱落

[с] — [к]：根据口语中的传统读法，[т] 在以下单词中可以不发音：боро́здка, блёстки, громо́здкий, жёстко, неве́стка, пое́здка, хлёсткий, шёрстка 等，但实践中常常要发 [т] 音，而且在以下词中一般必须发 [т] 音：атеи́стка, будди́стка, вёрстка, гимна́стка, вы́крестка, лингви́стка, реали́стка, чи́стка 等；

[н] — [к]：[т] 在这两个辅音间不发音的情况只有两个词：голла́ндка（作"荷兰式火炉"解时）和шотла́ндка（作"方格花布"解时），在以下词中 [т] 是要发音的：гуверна́нтка, квартира́нтка, официа́нтка, студе́нтка, голла́ндка（荷兰女人）, шотла́ндка（苏格兰女人），

Шотла́ндии 等。

[з] — [г]: бюстгальтер — бюс[-]га́льтер（或 бюс[д]га́льтер）；

[н] — [г']: рентген — рен[-]ге́н, рентгеновский — рен[-]ге́новский；

5）辅音间后舌爆破音的脱落

[с] — [с]: баскский — бас[-]ский；

[н]—[т]: Вашингтон — Вашин[-]то́н, вашингтонский — вашин[-]-то́нский, пунктуация — пун[-]туа́ция, пунктуационный—пун[-]туацио́нный, 但 пункт, пунктир, планктон, инстинкт 等词则不能省略 [к]；在 Санкт-Петербург 一词中 [к] 或者 [кт] 可以不发音：Сан[кт]-Петербург, Сан[-]т-Петербург, Сан[-]-Петербург；

[н] — [с]: гонконгский — гонкон[-]ский, 但 гангстер 和 сфинкс 要发 га́н[к]стер, сфин[к]с；

[р]---[с]: страсбургский — стра́сбур[-]ский, выборгский—вы́бор[-]ский, тюркский — тю́р[-]ский, петербургский—петербу́р[-]-ский, оренбургский— оренбу́р[-]ский 等。

6. 位于元音之间的两个相同辅音可以发长音，也可以发短音。当它们直接位于重读元音之后时发长音，在其他位置时发短音。如：гру́[пп]а— гру[п]иро́вка, кла́[с:]ы — кла[с]ифика́ция, коло́[н:]а — коло[н]а́да, су́[м:]а — су[м']и́ровать, тра́[с:]а — тра[с']и́рующий, да[н:]ый — вы́да[н]ый, пле[н:]ый—облу́пле[н]ый, стекля[н:]ый—рассе́я[н]ый；位于前缀和词根结合处的双辅音在非重读的元音之间以及重读元音之前时仍然发长音，如 бе[з:]або́тный, во[с:]озда́ть, ра[с:]о́л, ра[ш:]уме́ться, и[ж:]ева́ть 等；动词不定式或动词第三人称词尾以及反身动词尾缀中的ться, тся 一般发为带长音 т 的 [тц]（在重读元音之后）和不带长音的 [ц]（在两个非重读的元音之间），如 броса́[тцə](броса́ться) — броса́е[цə](броса́ется), купа́[тцə](купа́ться) — купа́е[цə](купа́ется), несё[тцə](несётся) —носи[цə] (носится) 等。

7. 当 ч 位于 н 之前时，在一些词中发 [ч']，如：ве́чность, то́чный, отли́чник, пе́чник；在另一些词中发 [ш]，如：горчи́чный, двое́чник, коне́чно, оче́чник, праче́чная, пустя́чный, скворе́чник, ску́чно, яи́чница；

在一些词中 [ч'] 和 [ш] 两种发音皆可：бу́лочная, ла́вочник, подсве́чник, поря́дочный, сли́вочный, соба́чник, стре́лочник. 另外，同一个词在和不同的词搭配时其发音也有可能不同，比如：серде[ч']ный приступ——друг серде[ш]ный, шапо[ч']ная мастерская——шапо[ш]ное знакомство 等。

8. г 位于清辅音之前时发 [к] 音：дёгтя, но́гти, приля́гте, лагпу́нкт, лотари́нгцы, улёгся, загс, флагшто́к, отягча́ть, тягча́йший；但当 г 位于词根 лёгк-/ легч-, мягк-/ мягч- 中时发 [х] 音：лё[х]кое, ле[х]че, мя́[х]кая, мя́[х]че, 当位于 [к'] 之前时发 [х'] 音：лё[х']кий, мя[х']кий; 这一类的词还有：лёгкость, легково́й, налегке́, облегча́ть, легча́йший, мя́гкость, мягкова́тый, размягча́ть, смягча́ть, мягча́йший 等等。

9. 在 18—19 世纪的时候，元音前面发 [γ] 音的情况在很多单词中都有，到 20 世纪初这样的词已经所剩无几。[γ] 渐渐被 [г] 所取代。在现代俄罗斯标准语中，在元音前发 [γ] 的情况只出现在一个常用词 бухгалтер[буγалт'и³р] 中，再有就是感叹词 ага, ого 中。[γ] 与 [г] 通用的情况常见于以下词中：бухгалтерский, бухгалтерия, господи, ей-богу, 在其余的词中基本上都发 [г]，只有一个例外：бо[х](бог)。

## 第五节　某些语法形态的正读规则

1. 音位 /а/ 在软辅音之后、硬辅音之前、重读音节之后时，它体现为两种音素。一种是在词根的体现—[и³]：[т'а]нут (тянут)—вы́[т'и³]нут (вытянут)，另一种是位于词尾的体现—[ə]：ды́[н'ə]м (дыням), о ды́[н'ə]х, ли́ст[иə]м, о ли́ст[иə]х。当然在口语中也可以发简短的 [и³] 音。

2. 在 19 世纪和 20 世纪初的时候，形容词词尾 -кий, -гий, -хий 和动词词尾 -кивать, -гивать, -хивать 中的 к, г, х 都发硬音：ме́л[кə]й, стро́[гə]й, ти́[хə]й, посту́[кə]вать, вздра́[гə]ватъ, разма́[хə]вать, 而如今这些音都发软音：ме́л[к']ий, стро́[г']ий, ти́[х']ий, посту́[к']ивать, вздра́[г']иватъ, разма́[х']ивать 等。

3. 形容词中性单数一格、四格词尾 -ое/-ее 和复数词尾 -ые/ие 的最后一个元音永远是非重读的。在书面标准语中 -ое/-ее 的词末元音发 [ə]

音，-ые/ие 的词末元音发 [и³] 音，在口语中这两个词末元音并无分别，均发 [и³] 的音。

4. 形容词阴性单数四格非重读词尾 -ую/-юю 的发音除 [уиу] 外还有两种变体，一种是硬辅音之后发 [эиу]：бе́л[уиу] — бе́л[эиу], хо́лодн[уиу]—хо́лодн[эиу]，另一种是软辅音后发 [ииу]：си́н['уиу] — си́н[ииу], горя́ч['уиу] — горя́ч[ииу]。

5. 动词尾缀 -ся, -сь 在动词人称变位与动词过去时等各种形态中，辅音字母 с 可以读软音 [с']，也可以读硬音 [с]，目前以读软音为主。

（1）-сь 在元音之前多读软音，比如，动词第一人称单数：стараю[с'], возьму[с'], встречу[с']；动词第二人称复数：стараете[с'], возьмете[с'], встретите[с']；动词命令式：старай[с']a возьми[с']；动词过去式阴性、中性、复数：взяла[с'], взяло[с'], взяли[с']；为完成体副动词：старая[с'] 等；

（2）-ся 位于辅音之后的读法，可以分成三种情况：a) 在动词不定式，动词第三人称单数与复数的形态中读硬音。如：стара́ть[с]я, стара́ет[с]я, стара́ют[с]я 等；b) 在软辅音以及 [j] 之后的各个形态中读软音。如：остань[с']я, позаботь[с']я, побой[с']я, приготовь[с']я, напивший[с']я, стремящий[с']я, постричь[с']я 等；c) 动词的其余各种形态中，可以读硬音，也可以读软音。例如：第二人称单数（моешься），第一人称复数（увидимся），某些动词的命令式（режься），过去时阳性单数（учился, спасся, поберёгся, задохся）等。

## 第六节　外来词的正读规则

1. 在一些外来词中，о 在非重读的情况下发 [о] 音，如：ада́жио, боа́, болеро́, досье́, кака́о, кре́до, поэ́т, поэти́ческий, ра́дио, рококо́, ольфе́джио, три́о, фойе́ 等。[о] 的发音常常出现在外来的专有名词中：Фл[о]бе́р, Ш[о]пе́н, Б[о]рне́[о]。不过在大多数外来词中，位于非重读位置的 о 是遵循俄语的发音规则的，比如 к[аэ]стю́м, в[э]лейбо́л, пиани́н[э] 等，如果在这些词中非重读位置的 о 发了 [о] 音，一般被视作古旧用法

或具有特殊的修辞意图。

2. 当外来词中的 э 位于词首非重读位置、е 位于硬辅音之后时，它们会根据该词俄语化的程度而发不同的音。在具有书面标准语性质的词中，词首非重读位置的 э 发 [э] 音：[э]ве́нк, [э]вентуа́льный, [э]квилибри́ст, [э]кзистенциа́льный, [э]ксгума́ция, [э]мбрио́н, [э]ссе́, аст[э]ро́ид, корд[э]бале́т, те́нд[э]р, анда́нт[э]；在完全俄语化了的外来词中，词首非重读位置的 э 发 [иᵊ] 的音：[иᵊ]волю́ция, [иᵊ]кза́мен, [иᵊ]коно́мия, [иᵊ]мигра́нт, [иᵊ]та́ж；е 位于硬辅音之后、重读音节前一音节时发 [ыᵊ] 音：ат[ыᵊ]лье́, бут[ыᵊ]рбро́д, синт[ыᵊ]ти́ческий；在其余非重读音节时发 [э] 音：альт[э]рнати́ва, мод[э]рниза́ция, т[э]нниси́ст; 这样一来，可能会出现音位 /э/ 与 /и/ 在词首非重读音节时中和的情况，例如在以下的两句中发音完全是一样的：из кадра вышла 和 эскадра вышла, и кран передвинули 和 экран передвинули。

3. 以前的发音规律是：位于 /э/ 前的只能是软辅音（[ш], [ж], [ц] 除外），所以在外来词中位于 /э/ 前的硬辅音都被相应的软音所替代。如今这条规律不再有效，在许多外来词中 /э/ 前的辅音只发硬音：анте́нна, би́знес, бифште́кс, де́льта, кабаре́, кафе́, кашне́, ко́декс, кокте́йль, моде́ль, оте́ль, парте́р, пасте́ль, поэте́сса, пюре́, ре́квием, таранте́лла, тире́, тонне́ль, шате́н, шеде́вр, шоссе́, экзе́ма, эсте́тика 等。在某些词中发软硬音皆可，比如：[д]еду́кция // [д']еду́кция, [д]ека́н // [д']ека́н, конг[р]е́сс//конг[р']е́сс, к[р]е́до// к[р']е́до, [т]еррори́ст//[т']еррори́ст 等。当然，也有很多外来词中 /э/ 前的辅音只发软音，比如：беж, брюне́т, музе́й, пионе́р, ре́льс, те́рмин, фане́ра, шине́ль 等。

4. 词根内部的元音组合 ее, ие, ое 在第二个元音重读的时候 [j] 音可能发也可能不发。在以下词中 [j] 音是要发的：гие́на, гигие́на, дие́зный, клие́нт；在以下词中不发 [j] 音：авие́тка, арие́тта, коэффицие́нт, пацие́нт, прое́кт, прое́ктор, прое́кция, реципие́нт, рие́птор, симфоние́тта, спание́ль, фее́рия；在以下词中发与不发皆可：абитурие́нт, аудие́нция, гее́нна, дие́з, дие́та, ингредие́нт, рее́стр, сие́ста, тамплие́р, фие́ста.

5. й 在非重读的 э 之后、辅音之前时可能发 [и] 音，也可能不发音。

它发音的词有：эйдети́зм, эйдоло́гия, эйкуме́на, эйфори́я；[и] 在以下表示姓的词中发与不发音皆可：Эйзенште́йн, Эйзенха́уер, Эйдукя́вичус；[и] 在以下词中则不发音：А.Эйнште́йн, эйнште́йн（能量单位），эйнште́йний（化学元素），Эйдельма́н, Эймёйден, Эйндхо́вен（荷兰城市名）等。

6. 词根内部两个相同的辅音字母在大多数情况下发短辅音。只有在它们位于重读元音之后是才可能发长辅音：бо́[н:]а, бру́[тт]о, ва[н:]а, ге[тт]о, ка́[с:]а, ле[м:]а, мадо́[н:]а, ма́[н:]а, ма́[с:]а, су́[м:]а 等，但也有例外：ди́[г]ер, до́[л]ар, кла[с']ик, коми[с']ия, профе́[с]ор, су́[ф']икс, э́[л']ипсис 等。直接位于重读元音之前的双辅音一般都发短音：а[к]о́рд, а[л']е́я, ба[л]о́н, гра[м]а́тика, коми[с]а́р, ко[м']е́рция, ко[р]у́пция, ко[т]е́дж, ра[в']и́н, режи[с']ёр, те[р]а́са 等，但也有例外，如：а[бб]а́т, ва[с:]а́л, му[л:]а́ 等。双辅音位于非重读的元音之间时基本都发短音：а[п]ендици́т, а[т]еста́т, и[л']юмина́ция, ка[л']игра́фия, ко[л']екти́в, ко[м']ента́тор, ми[л']име́тр, о[к]упа́ция, о[п]ози́ция, те[р']ито́рия 等。

## 第七节　重音的正读规则

1. 一些词和词形的重音在某些条件下可能发生位置的变化，从而形成词的各种重音变体。具体来说，有以下几种情况：

1）词重音的通用变体和专业变体。比如，以下词在通用变体中的重音位置为：добы́ча, и́скра, ко́мпас, осуждённый, ша́сси, 但在专业领域它们却另有读法，比如，矿工会说 добы́ча, 电工说 искра́, 海员说 компа́с, 法院工作人员说 осу́жденный, 飞行员说 шасси́；

2）词重音的标准语变体和民间诗歌变体。例如：деви́ца 与 де́вица, серебро́ 与 се́ребро, богаты́рь 与 бога́тырь, че́стный 与 честно́й, шёлковый 与 шелко́вый；

3）词重音的现代变体和陈旧变体。如：му́зыка 与 Греми́т музы́ка боева́я (А.Пушкин), по корня́м 与 по ко́рням упру́гим топо́р застуча́л (М. Лермонтов), слу́жащие 与 При мне служа́щие чужи́е очень редки

(А. Грибоедов), по ше́рсти与 не по́ шерсти совсем нам эти шутки (И. Крылов);

4）词重音的标准语变体和俚俗语变体。如：до́гмат 与 догма́т, катало́г 与 ката́лог, пригово́р 与 при́говор, повтори́т 与 повто́рит 等;

5）词重音的标准语变体和方言变体。如：вью́га 与 вьюга́, крапи́ва 与 крапива́, семью́ 与 се́мью, ди́кий 与 дико́й, хо́лодно 与 холодно́ 等。

2. 词的重音变体可能发生在同一重音类型的情况下，比如 до́чушка 与 дочу́шка, за́сека 与 засе́ка, металлу́ргия 与 металлурги́я 等，这些词的重音变化都发生在词干部分，同属于重音类型 A。然而大多数的重音变体都和不同的重音类型有关，下面我们按词类进行具体考察。

名词

1）阴性、阳性、中性名词的所有形式在词干或词尾的重音变化可以用重音类型 AA/BB（即名词的单、复数重音均在词干或均在词尾）来表达。例如：阴性名词——ба́ржа, ба́ржи, 复数 . ба́ржи, ба́ржам 与 баржа́, баржи́, 复数 баржи́, баржа́м; до́мбра, до́мбры, 复数 до́мбры, до́мбрам 与 домбра́, домбры́, 复数 домбры́, домбра́м; 阳性名词——бо́ндарь, бо́ндаря, 复数 бо́ндари, бо́ндарей 与 бонда́рь, бондаря́, 复数 бондари́, бондаре́й; закуто́к, закутка́, 复数 закутки́, закутко́в 与 заку́ток, заку́тка, 复数 заку́тки, заку́тков; 中性名词 — де́ревце, де́ревца, 复数 де́ревца, де́ревцам 与 деревцо́, деревца́, 复数 деревца́, деревца́м 等。

可以用重音类型 BB 和 AA 来区分同音词。例如：грош[1]（俄罗斯古时的硬币）的重音类型是 BB — грош, гроша́, 复数 гроши́, гроше́й; 而грош[2]（波兰和奥地利的小硬币）的重音类型是 AA — грош, гро́ша, 复数 гро́ши, гро́шей。

2）有的名词单数时的重音位置在词干，复数时重音的位置既可在词干，也可在词尾。这样的重音变体可以用重音类型 AA/AB 来表达。例如：чан, ча́на 复数 ча́ны, ча́нов 或 чаны́, чано́в; мыс, мы́са, 复数 мы́сы, мы́сов 或 мысы́, мысо́в; 重音类型 AB 多见于专业词汇，例如 бо́цман, бо́цмана, 复数 боцмана́, боцмано́в（海员用语）, дра́йвер, дра́йвера, 复数 драйвера́, драйверо́в（电脑行业用语）, те́ндер, те́ндера, 复数 тендера́, тендеро́в（铁路工人用语）。

可以用重音类型 AB 和 AA 来区分同音词。例如：бой¹（战斗）的重音类型是 AB – бой, бо́я, 复数 бои́, боёв；бой²（男僮，仆役）的重音类型是 AA – бой, бо́я, 复数 бо́и, бо́ев。

当然，也可以用复数重音位置的不同来区分一个词的几个意义。例如：ко́рпус（军团）的重音类型是 AB—ко́рпус, ко́рпуса 复数 корпуса́, корпусо́в，而ко́рпус（躯体）的重音类型是 AA — ко́рпус, ко́рпуса 复数 ко́рпусы, ко́рпусов。

3) 一些词复二形式的重音是可变的，可用以下重音类型表达：

AA / AC：ве́тер, ве́тра, 复数 ве́тры, ве́тров 或 ветро́в; лось, ло́ся, 复数 ло́си, ло́сей или лосе́й;

BA / BC：волна́, волны́, волну́, 复数 во́лны, во́лнам 或 волна́м; заря́, зари́, зарю́, 复数 зо́ри, зо́рям 或 заря́м;

CA / CC：среда́ ( 星期三 ), среды́, сре́ду, 复 数 сре́ды, сре́дам 或 среда́м; стена́, стены́, сте́ну; 复数 сте́ны, сте́нам 或 стена́м。

4) 一些阴性名词单数四格的重音位置会在词干和词尾变动，但总体倾向于由变动的重音类型 C 向固定的重音类型 B 的转化：

CA/BA：изба́, избы́, и́збу 或 избу́, 复数 и́збы, и́збам;

CC / BA：река́, реки́, ре́ку 或 реку́, 复 数 ре́ки, ре́кам 或 река́м; доска́, доски́, до́ску 或 доску́, 复数 до́ски, доска́м 或 до́скам;

CC / BC：борозда́, борозды́, бо́розду 或 борозду́, 复 数 бо́розды, борозда́м; полоса́, полосы́, по́лосу 或 полосу́, 复数 по́лосы, полоса́м。

**形容词**

长尾形式的形容词只有两种重音类型：在词干（A）或在词尾（B）。它们的重音变体主要和词汇的修辞意义有关，重音落在词干一般表示该形容词不常用或带书面色彩，而当重音落在词尾则表示该形容词常用且修辞上呈中性。例如：автозаво́дский // автозаводско́й, газоочи́стный // газоочистно́й, кружко́вый // кружково́й, обхо́дный // обходно́й, околозе́мный // околоземно́й, пи́сарский // писарско́й, плю́совый // плюсово́й 等。

许多形容词的短尾都有在词干和词尾的重音变体，根据重音类型可以归纳如下表：

| 形式 \ 类型 | A/C | B/C | C/C1 | B/C1 | B/C2 |
|---|---|---|---|---|---|
| 单数 阳性 | вла́стен | бел | нов | у́зок | свеж |
| 单数 阴性 | властна́ | бела́ | нова́ | узка́ | свежа́ |
| 单数 中性 | вла́стно | бе́ло | но́во | у́зко | свежо́ |
| 复数 | вла́стны | бе́лы | но́вы | у́зки | свежи́ |

属于重音类型 A/C 有以下形容词：бу́йный, вя́зкий, жесто́кий, зо́ркий, мо́дный 等；属于重音类型 B/C 的有：гре́шный, глубо́кий, кра́сный, пёстрый, ста́рый 等；属于重音类型 C/C 的有：бли́зкий, бле́дный, плохо́й, пья́ный, сла́бый 等；属于类型 B/C$_1$ 的有：在某一意义上只有短尾形式的三个形容词—длинен, тесен, узок；属于类型 B/C$_2$ 的有 свежий 和 общий（笼统的、大致的）。

同一个词的不同意义可以用不同的重音类型标识出来。比如глухой[1]（耳聋的，漠不关心的）属于重音类型 C – глух, глуха́, глу́хо, глу́хи；глухой[2]（低沉的，不响亮的）属于重音类型 C/C$_1$—глух, глуха́, глу́хо, глу́хи/глухи́；мёртвый[1]（死的）属于重音类型 C/C$_1$—мёртв, мертва́, мёртво, мёртвы/мертвы́，мёртвый[2]（毫无生气的）属于重音类型 B/C –мёртв, мертва́, мертво́/мёртво, мертвы́/мёртвы。

现代俄语中有一种倾向，即短尾形容词复数的重音从词干开始向词尾转移，例如：у́мный – умна́, умно́, умны́，所以很多形容词的短尾复数形式都有两个重音变体，就像上表中的 B/C 和 C/C$_1$ 的情形。

**动词**

动词的重音变体主要存在于现在/将来时形式和过去时形式。

1）在动词现在/将来时的所有形式中，第一人称单数形式与其余五种形式是相对立的，在下面所举的例子中我们以第三人称单数形式作为这五种形式的代表。

动词的重音变体可能出现在所有形式的词干或词尾，即重音类型 A/B：бултыхну́ть, бултыхну́, бултыхнет 或 бултыхну́ть, бултыхну́, бултыхнёт; вкли́ниться, вкли́нюсь, вкли́нится 或 вклини́ться, вклиню́сь, вклини́тся; заи́скриться, заи́скрюсь, заи́скрится 或 заискри́ться, заискрю́сь, заискри́тся; приуме́ньшить, приуме́ньшу, приуме́ньшит 或 приуменьши́ть, приуменьшу́, приуменьши́т 等。

俄语中很多以 -ить 结尾的动词其各种形式的重音一般落在词尾，但现在在非第一人称中有重音前移的倾向，从而形成了新的重音类型 B/C：вкуси́ть, вкушу́, вкуси́т 或 вку́сит; городи́ть, горожу́, городи́т 或 горо́дит; дои́ть, дою́, дои́т 或 до́ит; зубри́ть, зубрю́, зубри́т 或 зу́брит; отслони́ть, отслоню́, отслони́т 或 отсло́нит 等。

这类动词的重音变体可以区分同音词，比如заточи́ть[1]（磨快，磨尖）— заточу́, заточи́т; заточи́ть[2]（监禁，拘禁）— заточу́, зато́чит; коси́ть[1]（刈，割）— кошу́, ко́сит; коси́ть[2]（斜视）— кошу́, коси́т 等。

2）在动词过去时的所有形式中，非派生动词有重音变体的一般比较少见（例如：взять, взяла́, взя́ло 或 взяло́, взя́ли），大部分存在重音变体的是一些带前缀的动词，这些动词以前重音都在前缀上，后来重音后移，落到了词根上，但阴性形式保留了重音在词尾的传统。例如 добы́ть 的重音有以下几种变体形式：a)до́был, добыла́, до́было, до́были; b)до́был, добыла́, до́было, добы́ли; c)до́был, добыла́, добы́ло, добы́ли; 再如：зажи́ть – за́жил, зажила́, за́жило, за́жили 或 зажи́л, зажила́, зажи́ло, зажи́ли。

反身动词过去时的重音类型与相应的非反身动词的重音类型相仿。非反身动词在词干的固定重音（类型 A）同样保留在反身动词上，例如：бить, бил, би́ла, би́ло, би́ли 和 би́ться, би́лся, би́лась, би́лось, би́лись; гнуть, гнул, гну́ла, гну́ло, гну́ли 和 гну́ться, гну́лся, гну́лась, гну́лось, гну́лись; пла́кать, пла́кал, пла́кала, пла́кало, пла́кали 和 пла́каться, пла́кался, пла́калась, пла́калось, пла́кались; стричь, стриг, стри́гла, стри́гло, стри́гли 和 стри́чься, стри́гся, стри́глась, стри́глось, стри́глись 等。

当非反身动词过去时的重音为类型 B 时，相应的反身动词其重音类型同样为 B，例如：вести́, вёл, вела́, вело́, вели́ 和 вести́сь, вёлся, вела́сь, вело́сь, вели́сь；пасти́, пас, пасла́, пасло́, пасли́ 和 пасти́сь, па́сся, пасла́сь, пасло́сь, пасли́сь；печь, пёк, пекла́, пекло́, пекли́ 和 печься, пёкся, пекла́сь, пекло́сь, пекли́сь；счесть, счёл, сочла́, сочло́, сочли́ 和 счесться, счёлся, сочла́сь, сочло́сь, сочли́сь 等。

　　反身动词本身的重音变体一般体现在过去时阳性形式上，如：извести́сь – извёлся 或 изве́лся；перевести́сь – перевёлся 或 переве́лся；плести́сь – плёлся 或 пле́лся 等，这里重音在尾缀上的形式属于老规则的范畴，新规则的重音一般都在词干上。

　　这类反身动词的过去时阴性形式一般都在词尾，如：брала́сь, взвила́сь, гнала́сь, дождала́сь, лила́сь, напила́сь, порвала́сь 等。例外的情况很少，比如 осекла́сь 有一个旧用法的变体形式 осе́клась, родила́сь（完成体）也有一个旧用法的变体：роди́лась。

　　反身动词的中性和复数形式是有重音变体的：通常更倾向于重音在词尾的形式，但也允许在词干的情形（按新规则）。如：брало́сь, брали́сь 或 бра́лось, бра́лись；взвило́сь, взвили́сь 或 взви́лось, взви́лись；порвало́сь, порвали́сь 或 порва́лось, порва́лись 等。

## 第八节　俄语标准发音的发展历史

　　俄语的标准发音是在很长的历史时期中形成的。在民族标准语形成之前（即 17 世纪之前），语言的规范化进程基本上没有涉及发音部分，在不同的地域大行其道的仍然是各地方言，当时社会各阶层都操同一种方言。

　　随着莫斯科中央集权地位的形成，莫斯科方言获得了很大的权威。它的语言规范，其中包括发音规范，逐步上升为全民语言的规范。

　　莫斯科的方言在 16—17 世纪时并不统一，它的居民来自五湖四海，语言极为混杂。经过一定时期的演变，来自各地的方言在混杂的过程中形成了一种独特的融合。比如在 16 世纪之前，莫斯科方言中是发 O 化音的—元音 O 在非重读位置都发 [O] 音。到了 16 世纪，发 O 音的情况逐步被发 A 化音所取代。这主要由于大批南俄地区的居民移居到了莫斯科。17—18 世纪南俄地区方言对莫斯科方言的影响加剧，从而导致许多发音和语法规范的变化。

现代俄语标准语的基本发音规范形成于 17 世纪上半叶，彼时这些发音规范只是莫斯科方言的规范，直到 19 世纪末期莫斯科发音体系才成为全民规范。

在 18 世纪下半叶到 19 世纪上半叶俄语标准语中并存着两种发音体系：高级体的发音体系和口语发音体系。高级体发音要求发 O 化音。18 世纪和 19 世纪初的诗歌中基本上都是 O 化发音。在高级体中 г 在词尾一般发为教会斯拉夫语的 [γ] 音，这从一些诗歌的韵脚可以看出来：дух—вдруг, юг—слух, стих—настиг, мог—вздох 等等，我们可以举普希金的一首诗为例：

О сколько нам открытий чудных

Готовит просвещенья дух,

И опыт, сын ошибок трудных,

И гений, парадоксов друг.

那时候很多词中的字母组合 чн 都发为 [шн]，比如卡拉姆津笔下的 кумашный，克雷洛夫笔下的 мушной ларь，果戈理笔下的 табашный 以及涅克拉索夫笔下的 наконешник, курение табашное。那时很多书中都可以读到诸如 святошный, лубошный, кулашный, кирпишный, буднишный, коришневый 等词的写法。

18 世纪迁都彼得堡并没有影响标准语发音的基本规范，迁都初期在政治上和文化上最具影响力的还是莫斯科人。后来彼得堡的莫斯科发音开始发生变化，到 20 世纪初形成了独具特色的彼得堡发音，其中一些发音一直保留至今。

老彼得堡发音体系里有一些不属于现代标准语的规则，其中包括音位 /o/, /a/ 在重读音节前发 [ʌ] 音（而非 [aº] 音）— в[ʌ]да́, тр[ʌ]ва́；发 э 化音；щ 在 н 前发 [ш] 音 — хи́[ш]ный, в су́[ш]ности；词尾的软唇辅音

发硬音 — се[м], любо́[ф]；位于齿辅音之间的 [т],[д] 要发音—вла́стно, пра́з[д]ник 等等。

　　老莫斯科发音体系里也有许多不属于现代俄语标准语的规则，以及许多属于"老"规则的发音变体。比如音位 /a/ 在 [ш],[ж] 之后重读音节之前发 [ы°] 的音：ш[ы°]ги́, ж[ы°]ра́；р 在音位 /э/ 之后、唇辅音和后舌音之前发软音 [р']：пе[р']вый, четве́[р']г；形容词阳性单数一格词尾之前的后舌音，以及动词后缀 -ива 之前的后舌音都发硬音：до́л[гə]й, жа́р[кə]й, ве́т[хə]й, затя́[гə]вать, вспы́[хə]вать；第二变位法的动词按照第一变位法第三人称复数的形式变位：люб['у]т, хва́л['у]т, ды́ш[у]т 等。

　　目前俄语中莫斯科发音体系和彼得堡发音体系正趋向融合，共同形成统一的发音新规则。

# 第九章　表音法和正写法

## 第一节　俄语字母表

人类语言表达为文字时，需要采用一系列可供识别的符号。表音文字所采用的符号，叫做字母。语言学中研究字母组成，字母表音功能问题的部分，叫表音法 (графика)。

古斯拉夫语的字母表（алфавит），是公元 9 世纪时以希腊语字母表为基础制定的，俄语字母表则由此演变而成。

现代俄语的字母表内共有 33 个字母，它们按严格规定的次序排列。字母有大写（прописные, большие 或 заглавные буквы）和小写（строчные 或 малые буквы）之分，无论大写字母还是小写字母都有手写体（рукописный вид）和印刷体（печатный вид）两种书写形式。

俄语字母表中，每个字母都有自己的名称，读法上可以分为五种类型：

(1) 元音字母 а, о, у, ы, и, э 以它们所表示的音作为名称，而 я, ё, ю, е 则以 [j] 加相应的元音作名称；

(2) б, в, г, д, ж, з, п, т, ц, ч 等十个辅音字母的读音是由相应的辅音字母的发音加上后面的 [э] 音构成，如 [бэ]；

(3) л, м, н, р, с, ф 等六个辅音字母的读音是由相应的辅音字母发音与加在前面的 [э] 音构成，如：[эл'], [эм]。л 读软音是因为，在拉丁字母表中与它相对应的是字母 l，而 l 是半软音，所以发俄语时就用软音 [л] 来替代了；

(4) к, х, ш, щ 等四格辅音字母的读音是在它们所表示的音后加元音 [а] 构成，如：[ща]；

(5) ъ, ь, й 等三个字母各有专门的名称。ъ 的名称是硬音符号（твёрдый знак），ь 的名称是软音符号（мягкий знак），й 读作短 и（и краткое）。

## 第二节　表音法的音位原则和随位原则

俄语字母表的字母表示的不是音，而是与表音法音位原则相对应的音位。比方说，字母 ц 在词 спецодежда 中相对应的是 [ц] 音，而在词 спецзадание 中相对应的则是[дз]。可这些不同的音却是以同一个音位 /ц/ 的变体形式，而这个音位是以字母 ц 来表示的。再比如，在 Петра 和 Петру 中 р 所发的音是不一样的：Пет[р]а— Пет[р°]у，但字母 р 的作用并不是表示这些音，而是表示音位 /р/。所以表音法的音位原则主要和字母所表示的东西有关。

表音法的随位原则主要和音位在书写中的标记方法有关。俄语中几乎所有的字母都是随位变化的：和不同的字母相邻它们可以表示不同的音位。比如字母 ё 可以表示三个不同的音位 /jo/ (ёлка), /'o/(тёлка) 和 /o/ (шёлка)，由此我们可以看出，字母 ё 的意义取决于它所处的位置，即其前面是什么辅音。

有些字母只能与其他字母连在一起时才能表示音位。比如在单词 вёл 中字母 в 和 ё 共同参与了音位 /в'/ 的构成，而在单词 вол 中字母 в 和 о 一同参与了音位 /в/ 的构成。所以，仅凭一个字母 в 很难确定它表示的是音位 /в/ 还是 /в'/，只有当我们弄清楚它的位置，即它位于什么音之前时，我们才能确定它所表示的音位。

所以，表音法的随位原则指的是，字母和其所表示的音位之间的对应关系要靠它所处的位置（相邻的字母以及其他的表音符号）来确定。俄语中几乎所有的字母都随位置的不同而表示不同的音位，只有一个字母除外，那就是 й，这个字母不论在任何位置都只表示一个音位 /j/，它不受随位原则的影响。

表音法的随位原则主要关涉表音法的两个特点，一个是音位 /j/ 的书写表示法，一个是辅音音位的软/硬表示法。

## 第三节　音位 /j/ 的书写表示法

在纯俄语词中根据音位 /j/ 所处的位置有三种不同的 /j/ 的表示法。1）当 /j/ 位于词首元音之前或位于元音之间时它与随后的元音 /a/,/y/,/э/,/o/ 一起用另一字母表示，即用 я, ё, ю, е 等字母表示，而不写成 йа, йо, йу 等。2）当位于辅音之后元音之前时 /j/ 与后面的元音一起用另一字母表示，即 я, ю, е, ё, и 等字母，在这些字母之前一般用硬音符号或软音符号隔开。

如：обезьяна, изъян, ладью, адъютант, судье, подъезд, побьём, объём, чьи 等。3）在元音之后辅音之前，以及在词尾时 /j/ 用字母 й 来表示，如：стройка, чайник, сарай, мой 等。

在外来词中 й 甚至在元音之前也可以表示 /j/，如：йод, йогурт, Йемен, район, майор, майонез, фойе, аллилуйя 等。音位组合 /jo/ 在辅音之后时可以用字母 ьо 来表示：бульон, павильон, почтальон, шиньон, синьор, гильотина 等。

当音位 /j/ 位于元音之后、/и/ 音之前时，它无法在书写上表示出来，所以以下音位组合在书写上是完全一样的：/aји/、/ији/、/оји/、/yји/、/эји/ — окраина, арии, доилка, струит, клеит 和相应的不带 /j/ 的音位组合 /аи/、/ии/、/ои/、/уи/、/эи/ — заискивать, антиисторизм, проиграть, полуимя, неискренний。在这种情况下，如果想知道元音之间是否有 /j/，就需要特殊的检验方式，表音法无法给出答案。

## 第四节　辅音音位的软 / 硬书写表示法

俄语辅音体系中，软硬对立的辅音有 16 对，除 /ц/、/ч'/ 外，其余 15 对的每一对都可以用同一个字母表示，比如：/б-б'/ — б, /в-в'/ — в, /т-т'/ — т 等。在这种情况下辅音音位的软硬可以用这些字母加软音符号、硬音符号或其他表音符号来表示。一般来说，凡词末和辅音前的软音用软音符号 ь 表示，如 боль, бровь, Ванька, пьёт 等；词末和辅音前的硬音用辅音字母本身表示，如：вес— /с/, в конверте— /р/；辅音在元音前的软硬对立，是通过音节中元音字母表示的，具体说，俄语的元音字母分为两类，一类指示其前的辅音为硬辅音：а, о, у, ы, э—/ма/л, /со/н, /лу/к, ты, сэр，另一类则指示其前的辅音为软辅音：я, ё, ю, и— мял (/м'а/л, мёд(/м'о/д), люди(/л'уд'и/) 等。

字母 е 并不能表示其前面辅音音位的软硬，比如 те 这个字母组合既可以是 /т'э/ (тесто)，也可以是 /тэ/ (теннис)。同样的例子还有：де — /д'э/ (дело) 和 /дэ/ (модель)；фе — /ф'э/ (кофе) 和 /фэ/ (кафе) 等等。所以在字母 е 前的辅音其软硬无法用书写来表示。

## 第五节　　字母的意义

　　字母的意义是指字母与音位或音位的区别性特征之间的相互关系，它也可用来确认相邻字母的意义。表音法中字母的意义是根据相应音位的表义强位来确定的，除了й和ъ以外，所有的字母都是多义的。

　　字母 я, ю, e, ё 在词首、元音字母之后以及软、硬音符号之后表示音位 /ja/, /jy/, /jэ/, /jo/，如：яд, стоят, сыновья, объятия 等。字母 я, ю, ё 在辅音之后表示元音音位以及其前的辅音音位发软音，如：няня—/'a/, нюхать—/'y/, нёс—/'o/，当然对 ё 来说，嘘音除外，音位 ё 在嘘音之后只表示音位 /o/，如：шёл, чёрный 等。字母 e 在辅音之后表示音位 /э/，但它并不能表示前面辅音的软硬，所以不算是一个具有区别性特征的字母。

　　字母 и 既可以表示音位 /и/(игра, поиск, жизнь)，也可以表示音位 /'и/，即元音音位且其前的辅音发软音 (сила)，还可以表示音位 /jи/(чьи)。

　　字母 а, о, у, э 在词首和元音之后时表示音位 /a/, /o/, /y/, /э/，如：армия, вуаль, отпуск, наотмашь, утро, наудить, эхо, дуэт 等，它们在辅音之后的情况要略微复杂一些：字母 а, о, у 在嘘音和 ц 之后表示音位 /a/, /o/, /y/，而且 о 在辅音 й 之后也可表示音位 /o/，如：чай, обжора, лицу, йод 等，在其余辅音之后字母 а, о, у, э 表示相应的元音音位，同时还表示其前的辅音音位发硬音。如：сам— /a/ 和硬音 /c/，лом— /o/ 和硬音 /л/，还有 дуб, мэр 等。

　　字母 ы 在辅音之后表示音位 /и/，以及其前的辅音发硬音。如：был— /би/л, мы— /ми/，当字母 ы 位于 ц 之后时，它只表示音位 /ы/，如：отцы, куцый 等。

　　字母 й, ж, ш, ч, щ, ц 在大多数位置上表示的音位是 /j/, /ж/, /ш/, /ч'/, /шч'/, /ц/，字母 б, в, г, д, з, к, л, м, н, п, р, с, т, ф, х 所表示的是成对辅音音位 /б-б'/, /в-в'/ 等的共同特征，如发音的部位和方法、清浊等。这些音位的软 / 硬特征要么靠其后的字母来表示，要么无法表示。

　　所有在辅音字母（ж, ш, ч, щ, ц, й 除外）之后的辅音字母（字母组

153

合 нч, нщ 除外）除了表示其基本意义外，还表示它前面的辅音音位是硬音，如：арбуз – б 表示前面的 /p/ 发硬音（试比较 борьба），гетман – м 表示前面的 /т/ 发硬音（试比较 тьма）。

字母 ь 有以下几个意义：

1）表示它前面的辅音音位是软音，如：брать, редька；

2）作为分割符号：чьей, нальёт, полью, судья；

3）在外来词中 ьо 的字母组合表示音位 /jo/：бульон, медальон, лосьон 等；

字母 ъ 只有一个功用，即作为分隔符号：объехать, съёжиться, межъярусный, двухъязычный, субъект；

作为分割符号的 ь 和 ъ 并不指示其前面辅音的软硬，无论在 ь 还是 ъ 之前的辅音都可以发硬音、半软音和软音，如：вьюга— [в'jýга], [вˑjýга], [вjýга]；съезд— [с'jэст], [сˑjэст], [сjэст]。诸如 объём 和 побьём, обезьяна 和 без изъяна 这类词，虽然有 ь 和 ъ 的区别，但是在大多数人读来都是一样的。所以，具有分割作用的 ь 和 ъ 在书写上并不能表示辅音音位的软硬。

除分割符号外，还有一些字母也能够确定相邻的多义字母的意义。比如，在 фиалка 中字母 ф 就确定了其后元音 и 的意义——它在这个位置上表示音位 /и/，并表示它前面的辅音音位是软音；而字母 и 又确定了其后的元音字母 а 的意义——它在这个位置表示音位 /a/；字母 а 又确定了后面字母 л 的意义——它在此位置上表示音位 /л-л'/ 的共有部分；字母 л 确定了后面字母 к 的意义——它在此位置上表示音位 /к-к'/ 的共有部分，同时表示前面的 л 发硬音；字母 к 确定了后面字母 а 的意义——它在此位置上表示音位 /a/，同时表示前面的 к 发硬音。

综上所述，字母可以表示的意义有：音位的一部分，一个音位，一个音位和另一个音位的一部分，两个音位，两个音位和另一个音位的一部分，字母还可以确定相邻字母的意义。

## 第六节　俄语正写法的概念

与表音法相比，正写法是研究怎样合理地表示语言意义单位的问题。

当单词或词形可能具有各种不同写法时，经过研究分析，选取其中之一作为标准的写法，这样一套规则体系称为正写法 (правописание)，或拼写法 (орфография)。举例来说，根据俄语表音法的特点，音位与字母的关系可能有多种表示法，如 /щ:от/ 可以有十种写法：счёт, счот, счёд, счод, зчёт, зчод, щёт, щод, щёт, щёд, 在这些写法中, 要表示"计算"的意思, 只有 счёт 一词是正确的, 其余各种写法, 尽管读音相同, 都是错误的。

现代俄语的正写法包括四个部分：1) 单词（词形）的正写法；2) 分写、连写和半连写的规则；3) 大写字母使用的规则；4) 移行规则。

## 第七节　俄语单词正写法的原则

### 语音原则 (фонетический принцип)

以音位或音节作为拼写单位，遵照怎样发音就怎样写的原则，称为语音原则。例如下列各词的拼写都符合语音原则：дом[дом], план[план], дверь[двер'], смысл[смысл] 等。按语音原则确定书写标准时，只能考虑字母的主要表音功能。俄语中只有一部分词属于按语音原则拼写的。

### 形态原则 (морфологический принцип)

以词素作为固定的拼写单位，不同发音的同一单位，写法都应该相同，这种拼写原则称为形态原则。如：косы[каᵃсы́], коса[каᵃса́], косари[кəсаᵃри́], косьба[кəз'ба́] 等词中，词根 кос 的发音各不相同，但写法完全一样。其他如 скрыть, сдать, снять, сбить 等词中的前缀 с, красота, темнота 等词中的后缀 -ота 等写法也都如此。

俄语单词的拼写，以形态原则为主要原则。形态原则保持了语言最小意义单位—词素——书写时的一致，使人阅读时，易于识别词素，对阅读和理解都比较方便，同一写法的词素经常重复出现，与某一概念建立起固定的联系，也有利于加深印象和记忆。口语中许多完全一致的同音词，通过形态原则可以得到区分，例如：[стəраᵃжи́л]，可理解为 сторожил（看守），也可理解为старожил（老住户），但他们的同根

词各为 сторож（看守人）和 старый（老的），书写时就不至于混淆。

其他原则

形态原则是俄语正写法的主导原则，俄语中多数词的写法是遵照形态原则的，但也有部分词不能包括在内。除以上讲的语音原则外，还有传统写法、区分写法、从源写法等。这些写法都与形态原则不同，不能用带有同一词素的词检验。

语音写法（фонетическое написание）

同一词素，因发音不同，写法也不同，这叫语音写法。属于这类写法的词素不多，大致有以下一些：

以 з 结尾的前缀，如果词根起首的音为清辅音，要写成 с，形成同一词素两种平行的写法，如：из- 和 ис, без 和 бес-, раз- 和 рас- 等，例如：изжечь, испечь, безбольный, беспомощный, разойтись——расходиться 等。

前缀 раз-（рас-）无重音时写 а，有重音时写 о，因此，раз 这一词素有四种平行写法：раз-, роз-, рас-, рос-，例如：разыскать——розыск—— расписаться ——роспись。

包含双辅音 с 或 н 的词根，如与带有 с 或 н 的前缀或后缀邻接时，只写两个 с 或 н，而不写三个，例如：ссориться——рассориться, Одесса——одесский, тонна——пятитонный, ванна——ванная 等。

字母 и 起首的词根，如果前缀是硬辅音结尾时，要写成 ы，例如：играть——сыграть, искать——отыскать, 但在部分词中仍保留的写法，它们一般都是借词或缩略词，例如：дезинфекция, дезинформация, пединститут, безинтересный, предистория 等。

在一部分词中，词素的写法反映了语言的历史变化。例如：книга——книжный, подруга——друзья——дружный, граница——пограничный, поток——поточный, сватать——свадьба, лезу——лесница, нос——ноздри 等。

在少数词根中，辅音字母 ж、ш、ц 后写元音字母 о 的只限于重读音节，在非重读音节中要写 е，例如：шорох——шероховатый, шомпол——шемпола, （也可写作 шомпола），在词尾与后缀中写法是严格区分的，例如：богачóм — плачем, плащом — товарищем, свечой — тысячей, яйцо—блюдце，стишок—орешок，пятачок—чулочек，флажок—овражок，образцовый—ситцевый。

形容词阳性单数第一格的词尾，在重读音节中写 -ой，而在非重读音节中则写 -ый 或 -ий。例如：молодой—старый，простой—сложный，большой—хороший，городской—великий，сухой—тихий。

传统写法（традиционное 或 историческое написание）

传统写法是一种历史上遗留下来的习惯写法，不构成独立的书写原则，这类现象为数不多，大致有：

未完成体动词现在时和完成体动词将来时的单数第二人称形态中，词末要加软音符号，例如：пишешь，знаешь，подойдешь，ляжешь 等。

字母 ж、ш 之后，元音 [и] 按传统写元音字母 и，例如：живой，наши 等，字母 ц 后面，在绝大多数词根与某些后缀中也写 и，例如：цифра, цинизм 等。

形容词、代词、序数词的阳性、中性单数第二格形式中，词尾按传统写成 -ого（-его），例如：[добрәва°] 写成 доброго，[мәjэво] 写成моего，[маминәва°] 写成 маминого 等。

在一些词中，处于弱位的元音或辅音，写法完全根据传统习惯，无法归纳或解释，例如：топор，собака，баран，сарай，лепесток，лишай，ковш，настежь 等。

区分写法（дифференцирующее написание）

对区分写法的解释不完全一致，从广义上说，区分口语中同音异义词（或词形）的写法，都属区分写法，例如：умалять（与 малый 同根）—умолять（与 молиться 同根）等一类体现形态原则的写法，也可归入区分写法。从狭义上，区分写法，是指区分语法形态的拼写法，大致有以下一些：

软音符号 ь 用于区分名词的性：辅音字母 ж、ш、ч 之后有软音符号的为阴性名词，如：ночь，тушь，мышь，рожь，ложь，молодёжь，没有软音符号的为阳性名词，例如：луч，ключ，туш，нож 等。

软音符号也用于其他语法形态的区分，例如：плач（名词）—плачь（动词命令式），стучатся（动词第三人称复数）—стучаться（动词不定式）。

字母 о、ё 用来区分语法范畴，例如：ожог，поджог 均为名词，而 ожёг，поджёг 均为动词。

带有 -ов，-ин 等后缀的名词，第五格词尾 -ом，-ым 用来区分俄罗斯人姓和其他专有名词，例如：под Калинином（在加里宁市郊区）—с Калининым（和加里宁在一起）。

这里也包括用字母大小写的形式区分专有名词和普通名词，例如与普通名词拼写相同的人名有 Надежда，Роза，Лев，Роман 等，与普通名词拼写相同的姓有 Френч，Коробочка，Козёл，Горький 等，与普通名词拼写相同的地名有 Орёл，Горки，Грязи 等。

用连写和分写来区分发音相同的词，例如：от части（前置词+名词）—отчасти（副词），не смотря на（语气词+副动词+前置词）—несмотря на（复合前置词）；这里也包括发音相同而个别字母写法不同的词，例如：вследствие（由于）—в следствие（结果）。

从源写法（этимологическое написание）

借词的某些写法不能用俄语中正写法的原则作解释，对这些词写法的主要影响来自源出语（язык-источник），例如：компания 和 кампания 二词中，о、а 的区分写法源出于法语中 conpagnie 和 campagne 两个词。从源写法的词，需要专门记忆，它们大致有以下几类：

元音部分的从源写法，主要是 а 和 о 的写法，例如：балет 源出于法语的 ballet，балкон（阳台）源出于意大利语的 balcone，пациент 源出于拉丁语的 patiens，роман 源出于古法语的 romas，поэма 源出于希腊语的 poièma，колорит 源出于意大利语的 colorite，后者又源出于拉丁语的 color。

辅音部分的从源写法，主要是表示清浊音字母的写法，较多的是 б、к、т 等字母，例如：абстракция 源出于拉丁语的 abstractio，экзамен 源出于拉丁语的 examinare，экзотика 源出于希腊语的 ex ō tikos，футбол 源出于英语的 football。

双写字母的从源写法。俄语词中，双写字母通常位于词素邻接点上，例如：истин-ный，начитан-ный，词根内部字母双写极少，例如：ссора，дрожжи，жжёный 等。外来词中字母双写的现象比较多，尤其是辅音字母双写，例如：профессор 源出于拉丁语的 professor，бассейн 源出于法语的 bassin，сумма 源出于拉丁语的 summa，коллега 源出于拉丁语的 collega，тонна 源出于法语的 tonne，аккорд 源出于意大利语的 accordo，корреспондент 源出于法语的 correspondant，后者又源出于拉丁语的 correspondore，аппетит 源出于法语的 appetit。元音字母双写的较少，例如：вакуум 源出于拉丁语的 vacuum，индивидуум 源出于拉丁语的 individuum。从源写法中的双写字母，有时起到区分同音异义词的作用，如：балл 和 бал，均源出于法语，前者为 balle，后者为 bal。

## 第八节　分写、连写和半连写

### 1. 俄语单词分写的词义原则

分写（раздельное написание）、连写（слитное написание）和半连写（полуслитное написание 或 дефисное написание），是俄语正写法中一个独立的组成部分。单词分写是正写法的基本原则，古俄语在书写中单词是连成行的，词与词之间缺乏划分标志，对阅读很不方便，例如：сотворивнас，可理解成 сотвори в нас，也可理解成 сотворив нас，比较费猜。显然，单词作为意义单位分开写，在阅读时是有助于信息传递的。17 世纪时，俄语前置词与其后方实词仍常有连在一起的写法，到 18 世纪，单词分写才最终确定下来。

决定分写的主要依据是语义原则（семантический принцип），即凡是最小的词汇单位，表示独立的意义，具有独立的形态时，无论是虚词或是实词，都必须分写。例如下列各词就是根据词的意义决定连写还是分写的：сутками—с утками, нашлось—наш лось, вымокли—вымок ли, трунить—тру нить, отличных отношений—от личных отношений 等。但是，词义原则只是单词分写中的一个基本原则，许多情况下，单凭这一原则仍然不能决定分写或者连写，如：有些概念是由分写的词构成词组表示的，象 железная дорога, красный уголок, 另一些概念又是由几个词按构词法构成的新词表示，例如：кинозал, нефтепровод, термоядерный, глубокоуважаемый, пятиэтажный, полчаса 等；还有些概念却是通过连词符号（дефис）连接两个词表示，例如：Москва-река, вагон-ресторан, член-корреспондент, темно-синий, иван-да-марья. 这是因为当两个词构成一个新的词汇单位时，它们开始失去自己独立的词汇意义，但是要完全融合成一个词，却是一个渐变的过程，人们使用语言时所接触到的，往往是这一个转化过程中的不同阶段的各种形态。因此，决定连写或者分写的，除词义原则外，还要参照其他原则。

俄语正写法中关于分写、连写与半分写，有许多具体规则，本章只做摘要介绍。

### 2. 连写的主要规则

连写的主要规则有以下一些：

缩略词要缩写，例如：завуч, начдив, политрук 等。

由基数词与其他词组成的复合词（当基数词用字母书写时），要连写，例如：трехтонка, шестидесятилетие, четырехгодичный, десятирублёвый, троекратно 等。

某些副词或前置词，在构词时作为前缀的，要连写，如：послевоенный, межпланетный, околосолнечный, сверхприбыль, подмастерье, 有些借词的词冠（анти-, пан-, суб-, ультра-, инфра-）与后面的组成部分也要连写，如：антинаучный, панамериканизм, субконтинент, инфракрасный, супермаркет 等。

由副词和形容词（或形动词）组成的复合形容词，表示一个完整的概念时，要连写，例如：малоупотребительный, вышесказанный, новорожденный, дорогостоящий, общеизвестный, животрепещущий 等。

有两个形容词的词干组成，表示色彩的复合形容词，要连写。如：яркокрасный, светлокоричневый, темносерый 等。

由пол- 与名词第二格形式组成的复合词，要连写。如：полчаса, полвосьмого, полстакана, полпути, полжизни 等。

由полу 与其他词（名词、形容词、动词等）构成的复合词，要连写，例如：полусмерть，полуботинки，полулегальный，полуколониальный，полулежать 等。

由前置词 в 与 пол（或 полу）及其他词构成的副词，要连写。例如：вполпути，вполоборота，вполпьяна，вполголоса 等。

由前置词和短尾形容词的变格形式组成的副词，要连写，如：вскоре，вновь，сначала，запросто，поровну，издалека，сызмала 等。

### 3. 半连写的主要规则

半连写的主要规则有：

表示一个完整概念的复合词中，两个组成部分在意义上具有紧密的联系，但各自仍保留较大的独立性，这类词用连词符号连接。例如：премьер-министр，член-корреспондент，марксизм-ленинизм，Москва-река，дизель-мотор，жар-птица 等。

两个形容词词干组成的复合词，用元音 о 或 е 连接，其意义相当于连接词 и，这类词都属于半连写，如：рабоче-крестьянский，осенне-зимний，франко-прусская война，азиатско-тихоакеанские регионы 等。

同一个词用于加强语气而重叠使用时，要用连词符号连接，例如：красный-красный，далеко-далеко，сидишь-сидишь，чуть-чуть，ой-ой-ой 等。

两个带有不同前缀或后缀的词干重叠使用时，也用连词符号连接。例如：крепко-накрепко，большой-пребольшой，давным-давно，мало-помалу，один-единственный 等。

由两个同义词或反义词表示一个概念时，用连词符号连接。例如：правда-истина，тихо-мирно，любо-дорого，купля-продажа，туда-сюда，молодо-зелено 等。

复合词的第一部分为基数词（当基数词用数词书写时），用连词符号连接，如：20-летний，10-процентный，40-градусный，120-вольтный 等。

术语和专有名词，如果其中有一部分是用字母或数字表示的，用连词符号连接。例如：СУ-30，ТУ-114，ЗИС-110 等。

用某些借词的词冠（вице-，экс-，обер-，унтер-，лейб-，штаб-，

штабс-）构成新词时，用连词符号连接，例如：вице-президент, экс-чемпион, штаб-квартира, лейб-гвардия 等。

复合词中，пол 后面的名词，如果第一个字母为元音、辅音 л 或大写字母时，用连词符号连接。例如：пол-универмага, пол-огорода, пол-литра, пол-листа, пол-Москвы, пол-Китая 等。

带有某些词缀的词，要半连写。例如：-то（кто-то），-либо（что-либо），-нибудь（когда-нибудь），кое-（кое-как），-ка（возьми-ка），-таки（всё-таки）。

某些包含两个组成部分的专有名词（人名、地名等）用连词符号连接。例如：Салтыков-Щедрин, Ростов-на-Дону, Алма-Ата, Нью-Йорк 等。

由前置词 в、по 构成的某些副词，要半连写。例如：во-первых, по-моему, по-военному, по-русски 等。

## 第九节　大写字母的用法和移行

### 1. 使用大写字母的一般规则

古俄语中，大写字母只限于全书及章节开始时使用，句首第一个字母大写是后来发展起来的。现代俄语中，使用大写字母，主要考虑句法和词义两个方面的因素。

大写字母表示句子的开始，通常在表示句子结束的标点符号（句号、问号、感叹号等）之后，要用大写字母，例如：

——Это больные из городской больницы！Их просто выгнали，——сказал Люся．——Ты слышал？Ты понял？

（——这些是市医院的病人！他们是被赶出来的，——柳霞说，——你听见了没有？你听懂了吗？）

如果是省略号，则根据前后两段的句法关系决定：试比较：

Стоять я не могу ... Мои колени слабеют ...

（我站不住……我的腿发软……）

Милая вы моя ... простите ... у вас сердце наружу．

（我亲爱的……请原谅……您的心是透明的。）

大写字母用于区分专有名词与普通名词，这是使用大写字母中词义原则的体现，规则可分简单专有名词和复合专有名词两类：

**简单专有名词使用大写字母的规则有：**

人名、父称、姓、化名、绰号等第一个字母要大写，如：Александр Сергеевич Пушкин，Овод（牛虻），Иван Грозный，Муму 等。但如果人名已经用做普通名词，或者用来命名事物、现象，不再用大写字母，如：квазимодо（面貌丑陋而心地善良的人），ирод（暴君），ом（欧姆），рентген（伦琴）。

表示天文、地理、历史事件等名称，例如：Марс，Кавказ，Октябрь，Возрождение 等。

表示用人名构成的物主形容词，例如：Марксов «Капитал»，Юрьев день，Павловы племянницы，Сашкины книги 等。

文学作品（主要是寓言、童话）中表示主人公的普通名词，Лебедь, Рак и Щука；дед Мороз，Крестьянин и Работник 等。

用于修辞目的的少数普通名词，也用大写字母开始。如：Родина，Партия，Человек 等。

**复合专有名词中使用大写字母的规则有：**

属于天文、地理（包括国名、行政区划）等方面的专有名词，除了表示类概念的名词（如 улица，море，звезда 等）以外，其他词都以大写字母开始，例如：мыс Доброй Надежды，озеро Байкал，площадь Маяковского，Тихий океан 等。

表示历史上某个时代、历史事件或节假日的复合专有名词，只有第一个词以大写字母开始，例如：Парижская коммуна，Романовская династия，Версальский мир，Первое мая，Международный женский день，Новый год 等。这一类专有名词中，如果第一个词是形容词或数词，也以大写字母开始。例如：Великая Отечественная Война，Третья республика；如果数词不用字母书写时，第二个词要以大写字母开始。例如：1 Мая，7 Января 等。

表示党、政府、工会等各种组织和机构的复合名词，除 партия 一词以外，其余名词都以大写字母开始。例如：Коммунистическая партия Российской Федерации, Государственная Дума, Военно-Морской Флот, Организация Объединенных Наций 等。

但是，表示俄罗斯政府中的中央各部，各总管局以及直属中央的机构和组织的复合专有名词中，只有第一个字母开始，这里也包括高等院校、工商企业等名称。例如：Министерство иностраннных дел, Академия наук, Московский государственный педагогический институт имени В.И.Ленина 等。

用字母减缩的缩略词，词内每个字母都大写。如：КНР（中华人民共和国），ЦГАДА（Центральный государственный архив древних актов），ШОС（Шанхайская организация сотрудничества），АИФ (Аргументы и факты)。但是某些常用语的缩略词则用小写字母，如：т.е.（то есть），и т.д.（и так далее），н.э.（нашей эры），ж.д.（железная дорога）。

除句法因素与词义因素外，在诗歌中，一般每一行诗的第一个词都以大写字母开始。例如：

Жди меня, и я вернусь.

Только очень жди.

Жди, когда наводят грусть

Жёлтые дожди.

## 2. 移行

书写时，一行中的最后一个词，如果写不下而将一部分移到下一行，叫做移行（перенос слов）。正确的移行能保持文字在视觉、声觉上的完整性，有助于阅读和理解。俄语中支配移行规则的，主要是音节原则和形态原则。

音节原则是移行的主导原则，即移行时，音节不能拆开。试比较：

| 正 | 误 |
|---|---|
| по-шёл | пош-ёл |
| про-смотр | просмо-тр |
| страх | ст-рах |

元音之间，如果有两个以上辅音字母时，只要能和元音字母构成音节，就可移行。因此，同一个辅音字母组合，往往有许多种移行法。例如：до-ска（黑板），дос-ка；сес-тра（妹妹），сест-ра。但是，位于词首或词末的单个元音字母不能移行。试比较：

| 正 | 误 |
|---|---|
| ожи-даю | о-жидаю |
| ожида-ю | |

在不违反音节原则的前提下，移行应尽量体现形态原则，即尽可能照顾词素的完整性，以利于阅读。带有前缀的词移行时，单音节前缀不能分成两行，也不能将词根中的辅音字母留在上一行的前缀之后。试比较：

| 正 | 误 |
|---|---|
| под-ход | по-дход |
| раз-двоить | разд-воить |

以元音字母起首的词根（元音字母除外），如前面是辅音结尾的单音节前缀，最好也按形态原则移行。例如：без-умный, раз-очарованный, под-опытный, без-алкокольный 等。但是当前缀意义不是很鲜明时，仍应按音节原则移行。例如：ра-зорять, ра-зуть 等。

复合词的移行只能按形态原则。例如：спец-одежда。

包含有双写辅音的词移行时，只能有一个词移到下行。例如：жуж-жать, под-даваться, кон-ный, спас-ся, груп-па；但如果双写辅音位于词根首部时，应同时移行，例如：со-жжённый, по-ссроить，这里也包括复合词第二个词干首部双写辅音的移行。例如：ново-введение。

字母 ъ、ь 和 й 不能移到下行，试比较：

| 正 | 误 |
|---|---|
| подъ-езд | под-ъезд |
| боль-шой | бол-ьшой |
| вой-на | во-йна |

其他不能移行的情况有：

由字母组成的缩略词或带有数词的缩略词，例如：МИД, СНГ,

ТУ-114 等。

与数词连写，表示度量单位的字母，例如：72 ㎡，10кг，53км，1917 г. 等。

用连词符号连接的数词与表示语法结尾的字母，如：1-е，2-го 等。

一些常用的缩写词，例如：и т.д.（等等），т.е.（即），ж.д.（铁路）。

标点符号，除直接引语中位于句号或冒号之后的破折号，可以移行外，其他一概留在上行。

附录　俄语语音术语对照表

| | |
|---|---|
| аканье "а"化口音 | гиперфонема 超音位 |
| активный речевой аппарат 积极发音器官 | главное значение 主要意义 |
| актуальное членение 实意切分 | гласный 元音 |
| акустический аспект 声学角度 | гласный верхнего подъёма 高元音 |
| аллофон фонемы 音品 | гласный заднего ряда 后元音 |
| алфавит 字母表 | гласный переднего ряда 前元音 |
| альвеолярный согласный 齿龈辅音 | гласный среднего подъёма 中元音 |
| амплитуа 振幅 | гласный среднего ряда 央元音 |
| апикальный согласный 舌尖辅音 | глухой согласный 清辅音 |
| артикуляционная база 发音法基础 | голос 嗓音 |
| артикуляция 发音动作 | голосовые связки 声带 |
| ассимиляция 同化 | грамматический строй 语法结构 |
| аффриката 擦音 | графика 表音法 |
| безударное слово 无重音词 | губно-губной согласный 双唇辅音 |
| боковой зуб 边齿 | губно-зубной согласный 唇齿辅音 |
| боковой согласный 边辅音 | губной гласный 圆唇辅音 |
| большая буква 大写字母 | губной согласный 唇辅音 |
| вариант 交叉变体 | губы 双唇 |
| вариация 平行变体 | двузначная буква 双功能字母 |
| верхняя губа 上唇 | двусинтагменное предложение 双语段句 |
| взрывной согласный 爆破辅音 | двуфокусный щелевой 双焦擦音 |
| воздушный поток 气流 | десна 牙龈 |
| вторая интонационная конструкция /ИК-2/ 调型—2 | дефис 连词符 |
| | децибел 分贝 |
| второстепенное значение 次要意义 | дистрибуция 分布 |
| второстепенное ударение 次重音 | дифференциальные признаки 区别性特征 |
| выдержка 持音,持阻 | длительность звука 音长 |
| выпадение 脱落 | долгий согласный 长辅音 |
| высота звука 音高 | дополнительная атрикуляция 附加动作 |
| герц 赫兹 | дополнительное членение 补充切分 |

дорсальный согласный　舌背辅音

дрожащий согласный　颤辅音

заальвеолярный согласный　后齿龈辅音

заглавная буква　大写字母

заднеязычный согласный　后舌音

задняя стенка глотки　后咽壁，后喉壁

закон восходящей звучности　响度递增规律

закрытый гласный　闭元音

закрытый слог　闭音节

звонкий согласный　浊辅音

звук речи　语音

звуковая волна　声波

звуковое значение　表音功能

звуковое письмо　表音文字

звуковое средство　语音材料

звуковой закон　语音规律

знаменательное слово　实词

значащая сторона　表义方面

значимая единица　意义单位

значимая сторона　内容方面

зубной согласный　齿辅音

интонация законченности　完结语调

ИК \ика\　调型

иканье　"и"化口音

и краткое　短 и

имплозивный звук　非爆破音

интегральный признак　整体化特征

интонационный ряд ИК　调型列

интонация　语调

исторический аспект　历史角度

историческое написание　传统写法

канцелярский стиль　公文语体

качественная редукция　质弱化

качество звука　音值

клитика　附着词

книжный стиль произношения　书卷音体

количественная редукция　量转化

комбинаторная позиция　联音位置

комбинаторное изменение　联音变化

конечная синтагма　句末语段

кончик языка　舌尖

конститутивная позиция　结构位置

лабиализация　圆唇化

латинский алфавит　拉丁字母表

малая буква　小写字母

международная транскрипция　国际音标

место образования шума　发音部位

место подъёма языка　舌部抬起的位置

минимальная произносительная единица　最小发音单位

минимальная синтагма　最小语段

многосинтагменное предложение　多语段句

модальная реализация　情态实体

морфема　词素

морфологический принцип　形态原则

мягкий знак　软音符号

мягкий согласный　软辅音

мягкое нёбо　软颚

научно-технический стиль　科技语体

негубной гласный　非圆唇元音

нейтральная реализация 中性实体

нейтральный стиль произношения 普通音体

неконечная синтагма 非句末语段

непридыхательный звук 不送气音

неприкрытый слог 秃首音节

неслоговой звук 非成音节音

нестрогая транскрипция 宽式音标

неударный гласный 非重读元音

нижняя губа 下唇

нижний зуб 下齿

носовой согласный 鼻辅音

однозначная буква 单功能字母

односинтагменное предложение 单语段句

однофокусный щелевой 单焦擦音

оканье "о"化口音

описательный метод 描写法

орфография 正写法，拼写法

орфоэпия 正音法，读音法

ослабленное ударение 弱重音

основная синтагма 基本语段

основное ударение 主重音

основное членение 基本切分

основной аллофон фонемы 基品

открытый гласный 开元音

открытый слог 开音节

палатализация 软化，颚化

палатализованный согласный 颚化辅音

палатальный согласный 上颚辅音

парадигматическое отношение 聚合关系

пассивный речевой аппарат 消极发音器官

пауза 停顿

первая интонационная конструкция /ИК-1/ 调型—1

переднеязычный согласный 前舌辅音

передний зуб 前齿

перенос слов 词的移行

пересекающаяся разновидность 交叉变体

перцептивная фонетика 感知语音学

печатный вид 印刷体

письменная форма речи 言语的书面形式

письмо 文字

побочное ударение 次重音

подвижность 移动性

позиционное изменение 随位变化

полная ассимиляция 完全同化

полноударное слово 全重音词

полный звонкий согласный 全浊辅音

полный мягкий согласный 全软辅音

полный стиль произношения 满音体

положение голосовых связок 声带状态

положение губ 双唇状态

положение мягкого нёба 软腭状态

полость носа 鼻腔

полость рта 口腔

полузвонкий согласный 半浊辅音

полумягкий согласный 半软辅音

полуслитное написание 半连写

постцентровая часть 调心后部

потенциальное членение 潜在切分

предложение 句子

| | |
|---|---|
| предцентровая часть | 调心前部 |
| привативная оппозиция | 缺位对立 |
| придыхательный звук | 送气音 |
| призвук | 附加音 |
| прикрытый слог | 非秃首音节 |
| приступ | 起音，成阻 |
| произносительная культура | 发音素养 |
| произносительная норма | 发音规范，读法标准 |
| произношение | 发音 |
| проклитика | 前附词 |
| прописная буква | 大写字母 |
| простое предложение | 简单句 |
| просторечный стиль | 俗语体 |
| просторечный стиль произношения | 俗语音体 |
| публицистический стиль | 政论语体 |
| пятая интонационная конструкция /ИК-5/ | 调型—5 |
| разговорный стиль | 谈话语体 |
| разговорный стиль произношения | 略语体，谈话音体 |
| раздельное написание | 分写 |
| разновидность | 异位性 |
| реализация ИК | 调型实体 |
| реальное членение | 现实切分 |
| регрессивная ассимиляция | 逆行同化 |
| редукция гласных | 元音弱化 |
| рекурсия | 收音，除阻 |
| рема | 述位 |
| речевой аппарат | 发音器官 |
| речевой поток | 语流 |
| ритмика слов | 词的节律 |
| ритмико-интонационная единица | 节律语调单位 |
| ритмическая единица | 节律单位 |
| ртовой согласный | 非鼻音，口音 |
| рукописный вид | 手写体 |
| русская транскрипция | 俄语音标 |
| свистящий звук | 咝音 |
| сегментная единица | 音段单位 |
| седьмая интонационная конструкция /ИК-7/ | 调型—7 |
| семантико-синтаксическая единица | 语义句法单位 |
| семантический принцип | 语义原则 |
| серединный согласный | 中缝辅音 |
| сингнификативный | 辨义的 |
| сила звука | 音强 |
| сильная позиция | 强位 |
| сильная фонема | 强音位 |
| синтагма | 语段 |
| синтагматическое отношение | 组合关系 |
| синтагматическое ударение | 语段重音 |
| синтагматическое членение | 语段切分 |
| синхронический аспект | 共时角度 |
| система фонем | 音位系统 |
| слабая позиция | 弱位 |
| слабая фонема | 弱音位 |
| слабоударяемое слово | 弱重音词 |
| слабый согласный | 弱辅音 |

славянский алфавит　斯拉夫字母表

слитное написание　连写

слияние　溶合

словарный состав　词汇组成

словесное ударение　词重音

слово　词

словосочетание　词组

слог　音节

слоговой звук　成音节音

слоговой принцип　音节原则

сложное предложение　复合句

служебное слово　虚词

смена ИК　调型交替

смыкательно-размыкательное движение　合张运动

смыслоразличительная функция　辨义功能

смычный согласный　塞辅音

согласный　辅音

сонорная теория　响度说

сонорный согласный　响辅音

состав фонем　音位组成

социальный аспект　社会角度

сочетание слов　词的组合

спинка языка　舌背

способ образования шума　发噪音的方法

серединный согласный　中缝音

средний тон　中调

среднеязычный согласный　中舌辅音

средняя часть языка　舌中部

степень подъёма языка　舌位抬高的程度

стиль произношения　音体

стиль художественной литературы　文艺语体

строгая транскрипция　严式音标

строчная буква　小写字母

структура языка　语音结构

суперсегментная единица　超音段单位

твёрдое нёба　硬颚

твёрдый знак　硬音符号

твёрдый согласный　硬辅音

тема　主位

тембр звука　音色

теория мускульного напряжения　肌肉紧张说

тип интонационной конструкции　调型类别

традиционное написание　传统写法

транскрипция　音标

третья интонационная конструкция /ИК-3/　调型—3

ударение　重音

ударный гласный　重读元音

ударный слог　重读音节

фарингальный согласный　喉壁音

физический аспект　物理角度

физиологический аспект　生理角度

фонема　音位

фонематическая транскрипция　音位标记法

фонемный ряд　音位列

фонетика　语音学

фонетическая единица　语音单位

фонетический принцип　语音原则

фонетическое изменение　语音变化

фонетическое написание　语音写法

фонетическое слово　语音词

фонология　音位学

форманта　共振峰

фраза　语音句

центр ИК　调心

частичная ассимиляция　部分同化

частота колебаний　音频

четвёртая интонационная конструкция /ИК-4/　调型四

шестая интонационная конструкция /ИК-6/　调型六

шипящий звук　嘘音

шум　嗓音

шумный согласный　嗓辅音

щелевой согласный　擦辅音

эканье　"э"化口音

эквивалентная оппозиция　等位对立

энклитика　后附词

этимологическое написание　从源写法

язык　舌

язык-источник　源出语

язычный согласный　舌音

# 参考文献

包智明、侍建国、许德宝：《生成音系学理论及其应用》，北京：中国社会科学出版社，1997 年。

曹剑芬：《现代语音研究与探索》，北京：商务印书馆，2007 年。

陈君华：《俄语语音学教程》，北京：北京大学出版社，1997 年。

陈君华：《重音·语调·节律》，北京：北京大学出版社，1993 年。

郭锦桴：《综合语音学》，福州：福建人民出版社，1992 年。

[捷克] 克拉姆斯基：《音位学概论》，李振麟等译，上海：上海译文出版社，1993 年。

林焘、王理嘉：《语音学教程》，北京：北京大学出版社，2001 年。

王超尘等编：《现代俄语理论教程（上册）》，上海：上海外语教育出版社，1988 年。

王均、罗常培：《普通语音学纲要》，北京：商务印书馆，2002 年。

信德麟、张会森、华劭编《俄语语法》，北京：外语教学与研究出版社，1990 年。

Аванесов Р.И. Русское литературное произношение. 6-е изд. М., 1984.

Белошапкова В.А. Современный руский язык. 3-е изд. М., 1997.

Бондарко Л.В. Фонетика современного русского языка. СПб., 1998.

Вербицкая Л.А. Давайте говорить правильно. 2-е изд. М., 2001.

Иванова В.Ф. Современная русская орфография. М., 1991.

Касаткин Л.Л. Фонетика современного русского литературного языка. М., 2003.

Кодзасов С.В. Кривнова О.Ф. Общая фонетика. М., 2001.

Трубецкой Н.С. Основы фонологии. 2-е изд. М., 2000.